Rolf Arnold

Wie man ein Kind erzieht, ohne es zu tyrannisieren 29 Regeln für eine kluge Erziehung

W0236296

2011

Umschlaggestaltung: Uwe Goebel
Satz: Verlagsservice Hegele, Heiligkreuzsteinach
Printed in Germany
Druck und Bindung: Freiburger Graphische Betriebe, www.fgb.de

Erste Auflage, 2011
ISBN 978-3-89670-777-2
© 2011 Carl-Auer-Systeme Verlag
und Verlagsbuchhandlung GmbH, Heidelberg
Alle Rechte vorbehalten

Bibliografische Information der Deutschen Nationalbibliothek:
Die Deutsche Nationalbibliothek verzeichnet diese Publikation
in der Deutschen Nationalbibliografie; detaillierte bibliografische
Daten sind im Internet über http://dnb.ddb.de abrufbar.

Informationen zu unserem gesamten Programm, unseren Autoren
und zum Verlag finden Sie unter: www.carl-auer.de.

Wenn Sie Interesse an unseren monatlichen Nachrichten
aus der Häusserstraße haben, können Sie unter
http://www.carl-auer.de/newsletter den Newsletter abonnieren.

Carl-Auer Verlag
Häusscrstr. 14
69115 Heidelberg
Tel. 0 62 21-64 38 0
Fax 0 62 21-64 38 22
info@carl-auer.de

Inhalt

Vorwort

In einer Straßenbahn in Zürich beobachtete ich folgende Situation: Vier Jugendliche stiegen an einer Haltestelle ein, unterhielten sich laut und fläzten sich breit auf einige der freien Sitzplätze. An der nächsten Haltestelle stieg ein älteres Ehepaar zu, und der Mann wandte sich an einen der Jugendlichen mit der höflichen Frage »Könnten Sie bitte meine Frau hier sitzen lassen, sie ist krank!« Der Jugendliche fühlte sich in seiner Unterhaltung offensichtlich gestört und sagte mit verärgertem Blick: »Dann bleiben sie doch zu Hause, ich bin auch krank: schulkrank«, worauf der Rest der Gruppe in johlendes Gelächter ausbrach. Eine ältere Dame, die diese Situation beobachtet hatte, erhob sich daraufhin und bot ihren Sitzplatz an. Der Mann blickte sie dankbar an und murmelte etwas wie: »Die heutige Jugend, der fehlt die Erziehung«. Die Dame nickte und ging in den hinteren Teil der Bahn.

Ähnliche Situationen kann man täglich beobachten. Und glaubt man einer Meldung des Nachrichtenmagazins Focus, so fühlen sich heute 54 Prozent der deutschen Mütter mit der Erziehung ihrer Kinder überfordert[1]. Gleichzeitig ist die Klage, dass es um die Erziehung früher anders und besser bestellt gewesen sei, nichts Neues. Bereits aus dem Altertum ist die Klage des Sokrates über die verzogene Jugend überliefert. Häufig gehen die Klagen mit der unverhohlenen Aufforderung einher, »endlich etwas zu unternehmen« – doch was?

Eltern, Erzieher und Lehrer sehen sich heute mit Vorwürfen konfrontiert, keinen Mut zur Erziehung mehr zu haben und deshalb mitverantwortlich für das zu sein, was man als

---

1 Laut Focus vom 21. Februar 2009, S. 81.

Ungezogenheit, Laschheit, Verweichlichung oder gar Verwahrlosung »der heutigen Jugend« beklagt. »Durchgreifen«, »Nichtgefallen-lassen« oder gar »Autorität wahren« sind die Entschlossenheitsparolen, zu denen nur zu gern gegriffen wird.

Als Folge davon werden Schülerinnen und Schüler zum wiederholten Male zum Rektor geschickt, da wird die Stimme erhoben und eine Standpauke gehalten etc. – schließlich verfügen wir als Eltern oder Lehrer alle über ein Arsenal von *Verlegenheitsmaßnahmen,* von deren Wirksamkeit wir aber immer weniger überzeugt sind, je öfter wir zu ihnen greifen. Es ist unser Bauch, der in solchen Situationen erzieht, nicht unser Kopf und schon gar nicht unser Herz. Auch die Erziehungswissenschaften halten nicht, was wir uns im Erziehungsalltag von ihnen versprechen: »Erziehung ist nötig, aber nicht möglich« – mehr lässt sich als Ergebnis kaum festhalten.

Diese ernüchternde Bilanz bedeutet allerdings nicht, dass diese Wissenschaften nichts zu der Frage herausgefunden haben, was man als Vater, Mutter oder Erzieher, Erzieherin tun oder was man besser lassen sollte. Die Ergebnisse sind allerdings sehr vielfältig und erlauben es daher nicht, eine einfache Regel aufzustellen, die uns einen Weg zum Erfolg zeigt. Deshalb sind wir als sorgenvolle Eltern, Lehrer oder Erzieher zunächst gut beraten, allen Schlichtmodellen von der Art »Man nehme …« adieu zu sagen und uns erst einmal darauf einzulassen, zu verstehen, was Erziehung bedeutet und warum es oftmals so schwierig ist, auch wirklich dauerhaft *die* Verhaltensänderungen zu erreichen, die man bei seinen Kindern bewirken will. Dabei ist das Dauerhafte das eigentliche Problem, denn entschlossene Klarstellungen, Ermahnungen und Disziplinierungen bewirken leider zumeist nur kurzfristig ein angepasstes Verhalten. Dieses Verhalten ist sozial erwünscht oder erzwungen und wird meist nicht von einer inneren Haltung getragen. Die entschlossensten Erziehungsmaßnahmen bergen häufig auch Risiken und Nebenwirkungen in sich, zu denen man Kinderpsychologen und Familientherapeuten befragen kann. Und doch sind es genau diese riskanten Praktiken, auf die wir immer wieder zurückgreifen – aus Ratlosigkeit und nicht selten aus Überforderung oder gar Wut und Enttäuschung. Warum aber denken und handeln wir in Erziehungsfragen oft so altmodisch?

Es ist unser eigenes Erleben als Kinder und Jugendliche, das uns den Vorrat an »Erziehungsmitteln« – so der Fachterminus der Pädagogik – stiftet.

Das heißt, wir handeln in druckvollen Situationen so, wie wir selbst früher erzieherisch behandelt wurden. Die tiefen Emotionen eigenen Erduldens führen zu einem ähnlichen Verhalten in ähnlichen Situationen mit unseren Kindern. So werden Erziehungspraktiken von Generation zu Generation weiter vererbt. Nur mit großer Willensanstrengung und einem bewussten Entschluss lässt sich aus diesen erlernten Praktiken aussteigen und seinen Kindern oder Schülern eine andere Erziehungswelt schaffen.

Im Rahmen einer Konfliktlösungsbegleitung arbeiteten wir mit einer Lehrerin. Sie erzählte uns: »Petra erinnert mich tatsächlich an mich. Ich war auch so nervig für meine Umwelt, und ich habe meine Eltern ständig provoziert. Die reagierten entsprechend aggressiv und so hatte ich ganze Sommer hindurch fast nur Hausarrest, während meine Freunde und Freundinnen alles Mögliche unternahmen. Ich wurde auch geschlagen, und mir wurde ein ganz negatives Bild von mir selbst vermittelt. ›Du schaffst das nie!‹, klingt noch heute in meinen Ohren. Oder auch der ständige Vorwurf: ›Bei allem, was wir für dich tun, wie kannst du nur so undankbar sein!‹ Eigentlich erinnere ich mich fast nur an solche Äußerungen meiner Mutter. Erschreckt stelle ich immer wieder an mir selbst fest, dass ich innerlich einen ganz ähnlichen Vorwurf an Petra habe, um deren Integration in der Klasse ich mich mehr bemühe als um andere Kinder. Aber je mehr ich unternehme, desto mehr stört sie meinen Unterricht. Das macht mich total wütend, und immer wieder ertappe ich mich dabei, wie ich mit drakonischen Strafen darauf reagiere, statt mit ihr ein wirkliches Gespräch zu suchen.«

Das Vergangene prägt uns – und lähmt uns auch bisweilen. Wir reagieren deshalb in erzieherischen Konfliktlagen oft wieder so, wie wir es kennen, weil wir es am eigenen Leib so und nicht anders erlebt oder bei anderen beobachtet haben. Im Vordergrund steht dabei unser erlerntes Gefühl von dem, was wir für angemessen halten, denn anderes halten wir nur schwer aus. Wir reagieren aus einem tiefen Gefühl heraus, dieses oder jenes Verhalten sei einfach nicht hinnehmbar. Und verständnislos schütteln wir den Kopf, wenn uns ein Erziehungsberater sagt, wir sollten es doch einmal mit Nicht-Reagieren versuchen. »Aber das geht doch nicht!«, ruft alles in uns. Und doch nagen immer wieder Zweifel in uns, wenn wir erleben, wie unsere erzieherischen Reaktionen wirkungslos verpuffen.

Unser nachdenklicher innerer Erziehungsberater meldet sich in stillen Stunden immer wieder einmal zu Wort: »Was wollen Sie denn erreichen? Wollen Sie, dass es Ihnen selbst kurzfristig besser geht, weil Sie das Gefühl haben, etwas getan zu haben? Oder möchten Sie Ihrem Kind dabei helfen, selbst mehr und mehr zu angemessenen Verhaltensformen zu gelangen?« Wir müssen zugeben, dass es eigentlich darum geht: »Wir möchten erreichen, dass unser Kind von selbst darauf kommt, sich so zu verhalten, wie man das erwartet«. Während wir dies sagen, merken wir gleichzeitig, wie widersprüchlich das ist: »Von selbst darauf kommen«, und »sich so zu verhalten, wie es erwartet wird«. Wie soll das gehen? Führt diese Erwartung nicht wieder in eine Sackgasse? So wie auch die Straße der intentionalen (= zielorientierten und absichtsvollen) Erziehung, wie sie die Erziehungswissenschaft benennt, in eine Sackgasse geführt hat.

Viele Jahrhunderte ging man in der Pädagogik davon aus, dass eine wesentliche Voraussetzung für eine gelingende Erziehung eine *Klarheit ihrer Ziele* sei. Man glaubte, wenn man klar definiert habe, in welche Richtung man seine Kinder zu erziehen gedenke, sei bereits alles Notwendige getan und man müsse bloß noch geeignete Erziehungsmittel, wie Strafe, Belohnung oder Zuwendung einsetzen. Diese Annahme ist vielfach enttäuscht worden. Mehr und mehr musste man erkennen, dass die Wirkungen aller Erziehungsbemühungen unsicher bzw. ungesichert sind. Unsere Erziehungsversuche ähneln unseren Überzeugungsversuchen: Einige Menschen lassen sich überzeugen, andere nicht. Und einige Menschen wirken überzeugend auf andere und andere nicht.

Fragen wir uns, wie wir wirksamer erziehen können, müssen wir uns gleichzeitig fragen, wie überzeugend wir als Erzieher und Erzieherinnen selbst sind. Greifen wir nur aus Gedankenlosigkeit, Spontaneität oder Routine zu unseren Erziehungsmaßnahmen, erziehen also» einfach so drauf los«, oder kann unser Gegenüber diese nachvollziehen?

Könnten wir in die Seelen und Herzen unserer Kinder blicken, dann würden wir feststellen, wie wenig wir mit ihnen oft wirklich noch in Kontakt sind, wenn wir sie erziehen. Viele spüren vielleicht Angst, wenn sie feststellen: »Jetzt hat er wieder seinen Anfall«. Mit einer solchen Reaktion kommen wir nicht wirklich wieder mit unseren Kindern in Kontakt. Solche Erziehungssituationen sind zur Unwirksamkeit verdammt, weil schon vor langer Zeit der Kontakt zwischen den Beteiligten abgerissen ist. Eltern, Lehrer und Erzieher befinden sich dann in einer Situation, einen anderen überzeugen zu wollen, der bereits seit vielen Minuten nicht mehr zuhört. Der Überzeuger kann zwar immer und immer wieder seine Argumente wiederholen oder lauter reden, aber es gelingt ihm nicht, sein Gegenüber zu erreichen.

Die eigentliche Frage nach der Wirksamkeit von Erziehung ist demnach die vorgelagerte Frage: Sind sie mit Ihrem Kind bzw. Ihrem Schüler (noch) in Kontakt? Aus diesem Grunde sind sämtliche wirksamen Erziehungsmaßnahmen in ihrem Kern stets auf die Gestaltung der Beziehung gerichtet. Erziehung ohne Beziehung ist wie Schwimmen ohne Wasser! Das bedeutet, man kann keine Kinder erziehen, zu denen man nicht in einer wirklichen Beziehung steht. Zudem kommt es darauf an, wie man sich als Erwachsener den Kindern gegenüber positioniert. Erziehung kann keine partnerschaftliche Beziehung sein. Unsere Kinder sind nicht unsere Freunde – sie sind etwas anderes: Sie brauchen unsere erwachsene Stimme, aber auch Zuwendung und Führung – im positiven, d. h. Perspektiven schaffenden, Sicherheit stiftenden, aber auch Grenzen markierenden Sinne.

Eine wirkliche Beziehung ist stets durch das Interesse an der Entwicklung und dem Wachstum eines anderen Menschen gekennzeichnet. Erziehung basiert darüber hinaus auf der gelebten Verantwortung für dieses Wachstum des Gegenübers.

Aus diesem Grunde gehen auch alle Vorschläge, eine freundschaftliche Beziehung zu unseren Kindern zu unterhalten, am eigentlichen Kern der Erziehungsaufgabe vorbei: nämlich der durchspürten und gelebten Verantwortung. Sie lässt das Gefühl einer Geborgenheit entstehen, die von anderer Art ist als das Aufgehobensein in einer freundschaftlichen Beziehung. Kinder spüren in dieser Aufgehobenheit, dass man etwas von ihnen erwartet, dass sie sich aber gleichzeitig in ihrem Ausprobieren, ihrer Suche und ihrem Scheitern auf »sicherem Gelände« bewegen. Eine solche Erziehung stiftet Vertrauen und legt so die innere Basis, auf der auch Selbstvertrauen reifen und Selbstverantwortung entstehen kann.

»Für mich war es immer ganz wichtig«, erzählte eine Mutter, »dass unsere Kinder auf einer anderen Ebene stehen. Ich war nie wirklich ein Freund von partnerschaftlicher Erziehung. Und ich habe die Erfahrung gemacht, dass meine Kinder ganz viel Vertrauen aus der Tatsache ziehen, dass wir Erwachsene für sie eine spezielle Rolle haben. Ebenso gibt es spezielle Sorgen und Themen, die wir auch nicht mit ihnen besprechen. Nur in einer solchen Klarheit der Ebenen können die Kinder sich ausprobieren und entwickeln. Das ist ihre Aufgabe. Wer – wie viele meiner Freundinnen – seine Kinder wie Erwachsene behandelt, schadet ihnen und sich selbst. Die Kinder sind und bleiben Kinder, selbst wenn man ihnen den Raum gibt, vieles mitzubesprechen oder gar zu entscheiden. Dann wirken sie oft wie aufgeblasen, aber nicht wirklich zufrieden. Auch die Eltern schaden sich mit einer solchen Vermischung der Ebenen.«

Das vorliegende Buch macht das Anliegen einer Erziehung durch Beziehungsgestaltung konkret. Dazu werden im Folgenden 29 Regeln für eine kluge Erziehung vorgestellt. Sie können Eltern und Lehrern dabei helfen, zu wirksameren Erziehern zu werden.

Regeln der Erziehungsklugheit

Regel 1: Wenn ein Kind oder Jugendlicher, für den du Erziehungsverantwortung trägst, dir »schwierig« erscheint, dann geh an den Punkt deiner Liebe, bevor du aus der Wut oder Enttäuschung heraus reagierst!

Kinder und Jugendliche sind unfertig. Sie suchen noch ihr Eigenes. Und dies können sie nur finden, indem sie »Definitionen« für ihr Eigenes (er)finden. In dem Wort »Definition« ist bereits beinhaltet, worum es geht: Es geht um Abgrenzung (lat. *finis:* »die Grenze«).

Kinder brauchen deshalb nicht Grenzen (ein platter Ratschlag, mit dem uns so mancher Erziehungsratgeber abspeist), sie suchen vielmehr Grenzen.

Zahlreiche Erziehungsprobleme entspringen solchen Abgrenzungsversuchen. Die Kinder und Jugendlichen stellen sich uns damit neu dar. Sie verlassen das Alte, wollen also nicht mehr Kind oder Jugendlicher sein. Wir empfinden ihr Verhalten deshalb nicht selten als maßlos oder gar anmaßend, egoistisch oder auch unverschämt. Dann sind es Emotionen, wie Enttäuschung, Wut, Ärger usw., die unsere Erziehungsreaktion bestimmen. Nicht selten versuchen wir dann, unsere Vorstellungen durchzusetzen, und wir übersehen dabei, dass wir uns gleichzeitig auch darum bemühen, etwas festzuhalten, was uns bereits entglitten ist.

Eine Mutter schilderte mir voller Verzweiflung ihre Ernüchterung und ihren Ärger: »Mein Sohn verstößt seit einiger Zeit eigentlich gegen alles, was mir lieb und teuer ist. Er kümmert sich um gar nichts, nimmt alles für selbstverständlich, lässt sein Zimmer völlig vergammeln und reagiert aggressiv, wenn man ihn darauf anspricht. Ich glaube, ich habe mit meiner Erziehung versagt«.

Wenn solche Enttäuschungen in uns eine Negativbeurteilung entstehen lassen, ist das Einzige, was wir tun können, an den Punkt der Liebe zu unserem Gegenüber zurückzukehren. Dieser Punkt ist der Ort, an dem wir bedingungslos »ja« sagen zu dem Entwicklungs- und Suchprozess der Kinder und Jugendlichen, die unsere Kinder sind oder für die wir – als Erzieherinnen und Erzieher oder Lehrerinnen und Lehrer – Verantwortung tragen. Gleichzeitig müssen wir unsere eigenen Bedürfnisse und Erwartungen deutlich und ohne Vorwurf zu artikulieren lernen und Preise für Regelverletzungen festsetzen und auch tatsächlich erheben. Dies ist sozusagen der Dreischritt in eine zugewandte, aber auch konsequente Erziehungshaltung, die den Wandel unserer Kinder akzeptiert.

Die erzieherische Klarheit und Konsequenz

Liebe, Klarheit und Konsequenz sind die wesentlichen Pfeiler eines jeden Erziehungserfolges. Dies bedeutet jedoch nicht, dass ihr Vorhandensein in jedem Fall Wirkungen garantiert. Erziehung ist vielmehr unsicher und ungesichert in ihren Wirkungen. Wir können allerdings feststellen, dass ohne diese drei Pfeiler keine Erziehungswirkungen zustande kommen, die wirklich dauerhaft sind. Dies gilt sowohl für die Eltern im Umgang mit ihren Kindern als auch für die Lehrerinnen und Lehrer, die nicht nur unterrichten, sondern auch erziehen. Oftmals schafft diese Erziehung überhaupt erst die Basis dafür, dass Unterricht gelingen kann. Und es hilft wenig, darüber zu klagen, dass die »heutigen Kinder« in den Familien zu wenig erzogen würden und Schule damit überfordert sei, das Versagen der Familien auszugleichen. Ebenso sei die Forderung nach »Liebe« eine Überforderung, die man gegenüber »fremden Kindern« nicht erwarten dürfe.

In drei Schritten zur erzieherischen Klarheit und Konsequenz	
Die Liebe spüren	Gehen Sie in das ruhige Gefühl, das Sie beim Anblick Ihres Kindes durchströmt. Entdecken Sie in seiner Schwierigkeit sein Bemühen, sein Eigenes zu (er-)finden und »selbst« zu sein!
Die Erwartung loslassen	Richten Sie Ihren inneren Blick auf die weiße Leinwand, auf der das Kind seine eigene Zukunft malen wird! Stellen Sie sich vor, wie überraschend und anders diese sein wird. Anders als alles, was Sie von ihm bereits kennen.
Preisliste festlegen	Definieren Sie die fünf wichtigsten Regeln für den Umgang und das Zusammenleben! Legen Sie eine Art »Bußgeldkatalog« fest und teilen Sie diesen mit. Er entfaltet nur seine Wirkung, wenn Sie an ihm festhalten.

Diese Argumentation übersieht, dass Unterricht und Erziehung zwei Seiten derselben Aufgabe sind: *den Nachwuchs einer Gesellschaft zu mündigen, hilfsbereiten und kompetenten Menschen zu bilden.* Die Fachleute für das Lernen und die Entwicklung von Kindern und Jugendlichen spielen dabei eine wichtige Rolle. Wir erwarten von ihnen, dass sie vor den Schwierigkeiten nicht kapitulieren, sondern professionelle Formen der Unterstützung der Kinder und Jugendlichen »auf dem Weg zu sich selbst« finden. Dafür müssen sie nicht nur wissen, dass diese Suche immer schon schwierig und holprig gewesen ist, erforderlich ist vielmehr auch ein Bewusstsein davon, dass die Erziehungsaufgabe in der heutigen komplexen Welt mit ihren multikulturellen und beschleunigten Kontexten immer schwieriger wird.

Den Kontakt nicht verlieren

Die eigentliche Frage nach der Wirksamkeit von Erziehung ist für Eltern und Lehrkräfte die vorgelagerte Frage: Sind Sie mit Ihrem Kind bzw. Ihrem Schüler (noch) in Kontakt?

Ob Sie mit Ihrem Kind oder Schüler wirklich noch in Kontakt sind, können Sie anhand der folgenden Checkliste selbst überprüfen. Bitte bewerten Sie die Fragen möglichst rasch und spontan.

Checkliste: Wie erziehungswirksam bin ich?			
Fragen zur Selbstprüfung	oft	selten	nie
(1) Ich weiß, was mein Kind/meinen Schüler gerade bewegt und wie es/er sich fühlt			
(2) Ich unternehme »Du-bist-wichtig-Aktionen«, die sich an den tatsächlichen Wünschen des Kindes/Schülers orientieren			
(3) Ich bin ständig im Gespräch mit meinem Kind/Schüler – mein Redeanteil dominiert dabei nicht			
(4) Ich ermuntere, lobe und wertschätze deutlich häufiger als ich ermahne und tadle			
(5) Ich kontrolliere meine eigenen Stimmungen, Launen und Enttäuschungen und lasse sie nicht an meinen Kindern/Schülern aus			
(6) Ich widme mich stets interessiert, freundlich und mit Zeit, wenn mein Kind/Schüler auf mich zukommt			
(7) Ich verzeihe, trage nicht nach und insistiere nicht auf Erklärungen oder Entschuldigungen			

(8) Ich werde von meinem Kind/Schüler um Rat gefragt			
(9) Ich verlasse mich auf mein Kind/meinen Schüler und traue ihm etwas zu			
(10) Ich breche den Kontakt zu meinem Kind/ Schüler nie ab und merke, wenn es/er sich zurückzieht			

Haben Sie bei mehr als fünf Fragen die Antwort »selten« oder »nie« angekreuzt, sollten Sie den Kontakt zu Ihrem Kind oder Schüler gezielt verbessern, indem Sie lernen, sich ihm bewusst zuzuwenden. Wie Sie dabei vorgehen können, zeigen Ihnen die Hinweise und Ratschläge in den weiteren Regeln für eine kluge Erziehung.

Regel 2: Wenn du mit Gewalt konfrontiert bist, dann unterbinde sie – durch bestimmtes Auftreten und ohne Angst!

Immer wieder klagen insbesondere Lehrkräfte über die Gewalt und Aggressivität von Kindern und Jugendlichen. Rempeleien auf dem Pausenhof sind noch die harmloseren Ausdrucksformen dieser Gewaltbereitschaft, und auch die Zerstörungen in Toiletten oder Klassenzimmern kosten zwar Geld, sind aber reparierbar. Es gibt aber auch Bandenwesen, Erpressungen und Nötigungen von Schülern untereinander, die grausame Dimensionen annehmen und dazu führen können, dass Kinder und Jugendliche in ihren Entwicklungsmöglichkeiten beeinträchtigt oder gar schwer traumatisiert werden.

Lehrerinnen und Lehrer dürfen hier nicht wegsehen. Im Gegenteil, sie müssen solche Situationen beobachten, deutlich Stellung beziehen und Gewalttätigkeiten unterbinden. Strafe hilft nicht bzw. allenfalls im Sinne einer kurzfristig wirksamen Einschüchterung. Die beteiligten Kinder müssen vielmehr mit ihrer Gewalttätigkeit konfrontiert werden und andere Formen der Konfliktlösung erproben können.

Familien brauchen bisweilen Hilfe

Doch auch in den Familien treten Situationen auf, in denen Eltern sich nicht mehr gegenüber ihren Kindern behaupten können. Immer häufiger hört man davon, dass Söhne ihre Mütter schlagen oder ihre jüngeren Geschwister quälen oder gar terrorisieren. In solchen Situationen benötigen Familien Hilfe und Unterstützung. Lehrerinnen und Lehrer, die solche familiären Gegebenheiten spüren oder gar kennen, sind zum Handeln aufgerufen. Ein erster Schritt kann ein Familienbesuch und ein behutsames Gespräch mit einem oder beiden Elternteilen sein. Dabei können die Möglichkeiten der Erziehungshilfe oder Erziehungsberatung zugänglich gemacht werden. In besonders schweren Fällen sind auch sozialpädagogische Hilfen denkbar, in denen Kinder für einige Zeit aus der Familie genommen und in besonderen Jugendcamps (meist im Ausland) Schritt für Schritt grundlegende Formen des Zusammenlebens neu erlernen sollen. Auf alle Fälle gilt: Schweigen begünstigt das Andauern von Gewalt, und Gewalt bewirkt stets Verletzungen, Kränkungen und Leiden anderer.

Oft benötigen Kinder Hilfe

Es ist eine verbreitete Variante des allgemeinen Erziehungslamentos, sich auf die Unterbindung der Gewalt von Jugendlichen untereinander oder gar gegenüber Eltern, Erziehern oder Lehrkräften zu beschränken und darin eine besonders extreme Variante eines unbotmäßigen Verhaltens zu ahnden.

> Bei allem Entsetzen über Gewalttätigkeiten darf man nicht übersehen, dass auch und gerade die Gewaltanwender selbst es sind, die unsere Hilfe, Unterstützung und Begleitung brauchen. Sie sind nicht »von Natur aus schlecht«, sondern haben häufig in ihrer bisherigen Entwicklung keine positiven Vorbilder für gewaltlose Formen der Konfliktlösung erlebt.

Die Einschätzung, »hinter jedem jugendlichen Gewalttäter steckt eine eigene Gewalterfahrung«, ist sicherlich zu grob. Andererseits gibt es zahlreiche Studien, die diese Ansicht stützen. Wer Gewalt anwendet, hat häufig Gewalt als »zulässige« Form selbst erdulden müssen. Gewalt stellt somit eine naheliegende Verhaltensmöglichkeit für ihn dar. Gerade Lehrerinnen und Lehrer sind dazu aufgerufen, Gewaltsituationen nicht nur – sofort – zu beenden, sie müssen sich danach auch und gerade den Gewaltanwendern durch besondere Angebote zuwenden. Abwendung und Ausgrenzung als Teil der Strafe führen häufig dazu, dass der Gewalttäter wieder zur Gewalt greift. Denn damit kann er wieder Aufmerksamkeit erzeugen.

Nicht zu übersehen ist jedoch, dass Kinder häufig selbst Gewalt in ihren häuslichen Milieus erleben. Erfahrene Erzieherinnen und Lehrkräfte spüren das an dem oft übermäßig ängstlichen Verhalten dieser Kinder, nicht selten sprechen auch blaue Flecken, Striemen oder Verletzungen eine deutliche Sprache. Der Deutsche Kinderschutzbund veröffentlicht regelmäßig Statistiken zu Misshandlungen und Übergriffen in den Familien. Deutlich wird hier, dass unter dem Schutzmantel der elterlichen Erziehungsgewalt jeden Tag Kinderseelen zerbrochen werden: Ein unerträglicher Zustand einer Gesellschaft, die sich Menschlichkeit und Entwicklungsförderung auf ihre Fahnen geschrieben hat.

Wer wegsieht, verlängert das Leiden dieser Kinder. Einmischung ist dringend gefragt, denn Erzieherinnen und Erzieher sowie Lehrkräfte sind auch Anwälte für das Wohl der Kinder. Die Erziehungsgewalt der Eltern findet dort ihre Grenze, wo sie zur körperlichen Gewaltanwendung verkommt.

Doch was ist zu tun?

Als Erziehungsverantwortliche müssen wir uns darin üben, manifeste Gewalt unmittelbar zu unterbinden und latente Gewalt aufzudecken und sichtbar – manifest – werden zu lassen.

Manifest sind alle Gewaltsituationen, die wir bemerken, zu denen wir dazukommen und dazwischengehen. Latent hingegen sind die subtilen Formen der Quälerei unter Schülern oder die häuslich erduldeten Gewaltsamkeiten.

Erzieherischer Umgang mit Gewalt	
Manifeste Gewalt unterbinden *Ziel ist die unmittelbare Beendigung der Gewalt*	Ohne Zögern dazwischentreten (»Hier bin ich zuständig!«)
	Bestimmt und mit fester Stimme auftreten (»Ich dulde keine Gewalt!«)
	Die eigene Angst besiegen (»Ich lasse mich nicht einschüchtern!«)
Latente Gewalt aufdecken *Ziel ist das Durchbrechen der Schweigemauer*	Sich informieren, recherchieren, aufsuchen und gezielt nachfragen (»Dies geht mich etwas an!«)
	Konfrontieren und Öffentlichkeit herstellen (»Hier geschehen Unrecht und Verletzung«)
	Das Verborgene ans Licht zerren (»Das Latente manifest werden lassen!«)

Beide Formen eines erzieherischen Umgangs mit Gewalt fordern Mut und Entschlossenheit. Wegschauen ist viel einfacher, doch dann werden Heranwachsende dauerhaft geschädigt – mit häufig nicht wieder gut zu machenden Verletzungen ihrer Seele. Nur wenn die Gewalt klar geächtet wird und keinen Raum mehr bekommt, können Kinder und Jugendliche friedliche Formen der Konfliktlösung lernen.

Indem es Eltern, Erziehern und Lehrkräften gelingt, die Gewalt zu besiegen, leisten sie einen großen Beitrag für die Entstehung einer friedlichen Gesellschaft. Gewaltfreie Erziehung sowie das mutige und entschlossene Vorgehen gegen alle Formen von Gewalt bieten wichtige Erfahrungen für Kinder und Jugendliche. Nur so können sie selbst erleben, dass es Menschen gibt, die der Gewalt keine Chance geben und die selbst gewaltfreie Formen der Konfliktlösung praktizieren. Dies ist die innere Basis von Humanität und Demokratie.

Wer in seiner Erziehung Gewaltanwendungen meidet und jeglicher Gewalt entgegentritt, erzieht sein Kind mehr als ihm zunächst bewusst wird. Das Miterleben gewaltloser Formen der Kooperation und Konfliktlösung ist der einzige Beitrag, den wir leisten können, um friedfertige Menschen zu erziehen.

Regel 3: Wenn du sanktionieren oder strafen willst, dann führe zunächst den Strafbarkeitscheck durch! Bleibe mit deiner Sanktion unterhalb des erlittenen Schadens!

Es gibt Situationen, in denen Kinder oder Jugendliche Schaden anrichten. Es kann sein, dass sie einen wertvollen Gegenstand zerstören, eine Situation im Straßenverkehr auslösen, die erhebliche Schadensersatzforderungen nach sich zieht, oder jemanden grob beleidigen oder gar kränken. Solche Situationen erfordern eine erzieherische Sanktion. Eine wichtige Voraussetzung für ein erfolgreiches Sanktionieren ist jedoch, dass man nicht unmittelbar reagiert, sondern besonnen agiert. Was bedeutet dies?

Jede Sanktion sollte einen deutlichen inhaltlichen Bezug zum Schaden aufweisen. Also: Wer ein Fenster zerbricht, soll helfen, ein neues Fenster zu bezahlen. Wer jemanden beleidigt, der soll sich entschuldigen oder dazu angehalten werden, dem Beleidigten sein Bedauern zu zeigen.

Erzieherische Sanktionen sind Konsequenzen, die derjenige zu (er)tragen hat, der einen Schaden verursacht hat. Als Grundsatz jeglicher Sanktion gilt: Die Sanktion muss einen inhaltlichen Bezug zum Schaden aufweisen.

»Das versuchen Sie mal bitte bei meinem Großen. Der hustet Ihnen was«, sagte mir eine Mutter, der ich die Prinzipien des erziehungswirksamen Sanktionierens zu erklären versuchte. »Der macht einfach nicht, was ich ihm sage. Das ist dem so was von egal. Wenn ich den darum bitte, dann kann ich was erleben. Da hilft nur die alte, harte Methode: Taschengeldentzug, Ausgangssperre und Zusammenstauchen. Das kann ich Ihnen sagen.« Auf die Frage, was ihr diese »alte Methode« in der Vergangenheit denn tatsächlich gebracht habe, wusste sie nichts zu sagen. Hilflos meinte sie, »aber irgendetwas muss man doch tun, man kann das doch nicht einfach so durchgehen lassen«.

»Durchgehen lassen« ist keine Alternative, aber das Festhalten an Reaktionen, von denen man bereits weiß, dass sie zu nichts führen, auch nicht. Um wirksam strafen zu können, sollte man sich die folgenden drei Fragen stellen:

- Welche Sanktion ist inhaltlich angemessen und realistisch?
- Kann ich diese Sanktion tatsächlich einlösen bzw. durchsetzen?
- Wie kann ich meiner Sanktion Nachdruck verleihen?

Welche Sanktion ist inhaltlich angemessen und realistisch?

Häufig strafen Eltern oder Lehrer, indem sie die inhaltlichen Ebenen wechseln. Da werden Ungehorsam oder Rauflustigkeit mit Nachsitzen bestraft oder das zu späte Heimkommen mit Taschengeldentzug. Solche Sanktionen sind zwar unangenehm oder gar schmerzlich für das Kind oder den Jugendlichen, sie sind aber wenig erziehungswirksam. Dabei wird nichts gelernt, außer der Erfahrung, dass Strafe unangenehm ist. Schlimmer noch: Eine wirkliche Erziehungswirkung wird verschenkt.

> Nehmen Sie sich vor einer Sanktion Zeit zum Nachdenken: Was ist eine inhaltlich angemessene Sanktion?

Beim Zuspätkommen ist es z. B. wirksamer, als Sanktion die übliche Ausgangszeit um eine Stunde zu verkürzen. Das Kind lernt dann zugleich, den Blick auf die Uhr zu üben. Erst, wenn das auch nichts fruchtet, kann über eine tageweise Ausgangssperre nachgedacht werden. Loben Sie verbessertes Verhalten ruhig ausdrücklich, aber ohne die einmal verhängte Sanktion sogleich wieder aufzuheben. Lautet die Sanktion z. B.: »In der nächsten Woche bist du jeweils um Punkt 21 Uhr zu Hause!«, dann darf die Strafe nicht bereits gekippt werden, wenn diese Zeit zweimal eingehalten wurde. Aber man kann wohl sagen: »Ich sehe, dass du jetzt immer pünktlich bist!«

Kann ich diese Sanktion tatsächlich durchsetzen?

Unsere Erziehung hat immer dann keine Wirkung, wenn wir Sanktionen verhängen, von denen wir von vornherein wissen, dass wir sie nicht durchsetzen können oder wollen. Sinnvoll ist es, Erziehungsreaktionen in Stufen zu entwickeln und nicht gleich mit der letzten Stufe zu drohen. Wenn man z. B. sofort mit einer Ausgangssperre reagiert, vergibt man sich Möglichkeiten. Das Kind hat keine Chance, sich im Kleinen zu bewähren, um die extreme Sanktion zu vermeiden.

Wir können prinzipiell nur *die* Sanktionen durchsetzen, bei deren Nicht-Befolgen wir noch deutlicher werden können. Eltern, Erzieher und Lehrer, die ihr ganzes Pulver bereits in ihrer ersten, unmittelbaren Reaktion verbrauchen, haben keine weitere Reaktion in Reserve. Was machen Sie, wenn die gewünschte Verhaltensweise nicht auftritt oder das Verbot ignoriert wird?

Die erzieherische Reaktion muss in ihrer Zumutung oder Härte stets unterhalb des erlittenen oder zugefügten Schadens bleiben. Es stimmt nämlich nicht, dass drakonische Strafen die beste Garantie dafür sind, dass das sanktionierte Verhalten in Zukunft nicht mehr auftritt. Drakonische Strafen schädigen und demütigen häufig den Täter und hinterlassen daher nicht selten eine aggressionsfördernde Frustration. Die gerade unter erzieherischer Perspektive wichtige Lektion ist bei Sanktionen immer auch die Erfahrung, dass man Schaden wiedergutmachen kann.

Wie kann ich meiner Sanktion Nachdruck verleihen?

Nachdruck verleihen kann man vor allem, wenn man noch über weitere Sanktionsmöglichkeiten verfügt. Aber die Gefahr ist groß, dadurch in eine eskalierende Spirale zu geraten (Motto: »Wenn du nicht, dann …!«). Aus diesem Grunde sollten wir in einer erzieherischen Konfliktlage, in der wir z. B. gerade eine Sanktion verhängt haben, alles vermeiden, was so aussieht, als würden wir unser Kind nur wieder lieben, wenn es folgsam ist. Eine solche Bedingtheitsatmosphäre muss unbedingt vermieden werden.

Im Gegenteil: Hat man sein Kind mit einer Sanktion konfrontiert, sollte man es damit gut sein lassen. Wichtig ist nun eine wertschätzende und freundliche Behandlung. Dadurch hilft man dem Kind, die Sanktion ohne Verbitterung und Zorn zu akzeptieren. Der Satz: »Das erwarte ich jetzt ab sofort von dir, und damit ist die Sache für mich erledigt!«, muss ausgesprochen werden, um auf einer anderen Ebene in Beziehung bleiben zu können. Im Erziehungskonflikt ist es die schwierige Aufgabe der Erziehungsverantwortlichen, mit ihren Kindern in Beziehung zu bleiben und »es gut sein zu lassen«.

Der Fünf-Finger-Check

Machen Sie den Fünf-Finger-Check, bevor Sie sich für eine Sanktion entscheiden und diese verkünden. Jedes angekreuzte Nein in der Checkliste ist ein Indiz dafür, dass Sie Ihre Reaktion nochmals gründlicher durchdenken und planen müssen. Wichtigste Regel: Handeln Sie niemals aus dem Bauch heraus und niemals mit körperlicher Strafe!

Der Fünf-Finger-Check: Die Kunst des erziehungswirksamen Sanktionierens		
	Ja	Nein
1. Ist der Schaden aus Unvorsichtigkeit, Rücksichtslosigkeit oder Absicht entstanden?		
2. Nehme ich mit meiner Reaktion auf den Inhalt der Schädigung Bezug? (Merke: Jemanden in Sorge versetzen ist auch eine Schädigung.)		
3. Habe ich eine gestufte Erziehungsreaktion parat, um mit einer ersten Stufe beginnen zu können?		

4. Bleibe ich mit meiner erzieherischen Reaktion unterhalb des erlittenen oder zugefügten Schadens?		
5. Trage ich dafür Sorge, dass ich trotz Sanktion mit dem Kind in Beziehung bleibe und es »gut sein lasse«?		

Regel 4: Lebe die Werte, die dein Kind (er)leben soll!

Die Wertefrage ist ein Dauerbrenner des Erziehungsstreites. Immer, wenn Ungeheuerliches geschieht, worüber Presse, Rundfunk und Fernsehen berichten, überbieten sich die unterschiedlichen Seiten an Vorschlägen, was zu tun sei. Beliebt ist in diesem Zusammenhang die Forderung nach Härte, Durchgreifen und Exempel statuieren. Hinter diesen Vorstellungen steht die unbewiesene Annahme, man müsse Kinder und Jugendliche zu Wohlverhalten zwingen. Darüber verblassen leicht die nachdenklicheren Stimmen, die uns daran erinnern, dass die erwachsene Generation schon immer über das Verhalten der nachwachsenden Generation bestürzt oder gar erzürnt gewesen ist. Entsprechende Belege lassen sich bis ins Altertum zurückverfolgen.

Übersehen wird bisweilen auch, dass wir selbst es als Lehrer und Erzieher selten mit den wirklichen Extremsituationen zu tun haben, über die Presse und Fernsehen so gerne berichten. Selten trifft man auf Eltern, Erzieher und Lehrerinnen, die es tatsächlich bereits selbst mit Jugendbanden, gewaltsamen Übergriffen und anderen kriminellen Handlungen zu tun hatten. Trotzdem beginnen solche Extremsituationen unser Bild von der nachwachsenden Generation zu bestimmen, und wir ertappen uns dabei, dass wir hinter jeder Ungezogenheit oder Rempelei bereits potenzielle Gewalttaten zu erkennen glauben. Diese Extremisierung des Erziehungsdenkens schadet mehr als sie uns nützt – ihre Wirkung ist die einer Konzeptlosigkeit: Wir wissen nicht mehr, was wir tun oder tun sollen. Indem wir versuchen, unsere Erziehungskonzepte ganz auf die Vermeidung von Jugendkriminalität abzustellen, verlieren wir den Bezug zur Realität.

Die Realität der Kinder und Jugendlichen besteht auch heute – wie in den Jahrtausenden zuvor – in dem Versuch, sich auszuprobieren, sich abzugrenzen und eigene Maßstäbe des Denkens, Fühlens und Handelns zu erproben. Sicher ist diese Suchbewegung heute nicht einfach zu unterstützen. Doch gilt: Weit überwiegend gelingt Erziehung auch heute.

Ein Vater berichtete über die »schrillen Formen«, mit denen sich sein jugendlicher Sohn im Auftreten, der Art seiner Kleidung und im Kreis seiner »seltsamen Freunde« inszenierte: »So wie der denkt, sehe ich eigentlich alles verletzt, was mir selbst wichtig ist. Der denkt nur noch an sich, und die Familie ist doch nur noch Hotel für ihn! Ich sage es ungern, aber der ist mir richtig unsympathisch geworden. Wenn ich nicht wüsste, dass er mein Sohn ist, würde ich den Umgang meiden.«

Wie können wir es erreichen, dass unsere Kinder oder unsere Schülerinnen und Schüler sich in ihrem Denken, Fühlen und Handeln an dem orientieren, was wir für menschlich und sozial angemessen halten? Diese Frage hat Eltern stets bewegt und beschäftigt. In starren Gesellschaften oder gar militärisch geprägten Kontexten wird erwünschtes Verhalten mit drakonischen Strafen erzwungen. Dies kann jedoch nicht der Weg einer demokratischen Gesellschaft sein.

Als Erstes müssen wir uns eingestehen, dass wir nicht erreichen werden, dass unsere Kinder und Jugendlichen den Werten folgen, denen wir uns selbst in unserem Leben verpflichtet fühlen. Im Gegenteil, sie müssen sich abgrenzen, um ihre eigene Wertorientierung zu entdecken, die sie ihrem Denken, Fühlen und Handeln zugrunde legen können. Diese Einsicht ist allerdings nicht sehr verbreitet. Fragen Sie sich deshalb zunächst:

Sind Sie bereit, Ihr Kind oder Ihren Schüler bzw. Ihre Schülerin ganz eigene Wege der Suche und des Ausprobierens gehen zu lassen? Welche »schrillen Formen« des Selbstausdrucks sind Sie bereit auszuhalten? Noch grundsätzlicher gefragt: Ist es Ihnen wirklich wichtig, dass Ihr Kind seine eigene Wertebasis entdeckt? Wenn ja, dann müssen Sie akzeptieren, dass ihm dies nur auf seinen eigenen Wegen gelingen kann.

Sichtbare Werte leben

Eltern, Erzieher und Lehrer können diese eigenen Wege unterstützen, indem sie selbst sichtbar ihre Werte leben. Dazu gehört, dass sie mehr und mehr dazu übergehen, die Regeln des Respekts, der Achtung vor dem anderen und des Dialogs in ihren Umgang mit dem Kind oder Schüler zu transportieren. Dies ist nicht leicht und misslingt immer wieder, weil wir ratlos und oft auch wütend sind. Aber Werte können nicht einfach vermittelt oder gar »übergeben« werden, sie werden erlebt. Als Erziehungsverantwortlicher sollte man sich die folgenden grundlegenden Fragen stellen:

- Welchen Werten dient mein Leben?
- Bin ich diesen Werten treu?
- Woran können andere erleben, dass ich diesen Werten folge?
- Lebe ich bisweilen in einem gespaltenen Wertekontext, indem ich nicht wirklich das tue, was ich denke oder fühle?

Wenn wir wollen, dass unsere Erziehung auch Werte stiftet, dann müssen wir selbst wertebewusst werden und leben. Unsere Erwartungen an das Verhalten unserer Kinder und Jugendlichen dürfen wir nicht herausbrüllen, sondern müssen es »herausleben«. Für viele Eltern, Erzieher und Lehrer mag dieser Hinweis provozierend sein – sicher aber auch bedenkenswert. Immer wieder kann man erleben, dass das Nachdenken über die erwähnten Fragen zu einem anderen Umgang mit Kindern und Jugendlichen führt und dass dieser andere Umgang neue Effekte zeitigt.

> Leben Sie Ihre Wertvorstellungen spürbar vor, wenn Sie in der Erziehung Werte vermitteln wollen. Bedenken Sie: Werte können nicht vermittelt, sie können bloß erlebt und erspürt werden.

Häufig und immer wieder beharren wir auf Wertvorstellungen und beschwören unser Gegenüber. Doch manchmal zerstören wir dabei genau die Werte, die wir selbst ausdrücken wollen.

Seien wir uns klar, dass alles, was Kinder und Jugendliche erleben, ihre eigene Art und Weise bestimmt, wie sie sich abgrenzen, um ihr Eigenes zu finden.

Indirekte Erziehungsmethoden betonen

In der sogenannten Moralpädagogik haben sich Einsichten verdichtet, die indirekte Erziehungsmethoden stark betonen. Die indirekten Erziehungsmethoden achten darauf, dass Kinder und Jugendliche erleben können, worum es – uns – geht. Dazu gehören z. B. folgende Ansatzpunkte:

• Kinder und Jugendliche erwerben demokratische Umgangsformen, indem sie auch in der Schule und im Elternhaus demokratische Spielregeln (er)leben können. Dieses sogenannte eingebundene, embryonale Demokratieerleben lässt Demokratiefähigkeit entstehen. Wer nur mit schroffer Autorität konfrontiert ist, wird dazu eingeladen, ebenfalls schroffen Mustern zu folgen.

• Formen der gewaltfreien Kommunikation und Konfliktlösung werden eher von Kindern und Jugendlichen gewählt, die entsprechende Formen in ihrem Alltag erlebt und geübt haben.

• Wer Andersdenkende oder Andersartige respekt- und würdevoll behandeln soll, kann dies meist nur, wenn er selbst solche Formen des Umgangs auch bei sich erlebt hat. Auch wenn er selbst noch »anders«, nämlich kleiner und unerfahrener ist.

• Wertschätzung, Rücksichtnahme und Menschlichkeit können nur reifen, wenn Kinder und Jugendliche diese auch und gerade in ihren Phasen der »schrillen« Suche immer wieder selbst erleben konnten.

Merke: Kinder und Jugendliche folgen in ihren Verhaltensweisen häufig gerade den subtilen Botschaften, die wir ihnen zumuten.

Regel 5: Reagiere nicht adäquat, sondern äquivalent!

Häufig sehen wir uns mit einem Verhalten konfrontiert, bei dem wir deutlich spüren: »Das kann doch nicht einfach so hingenommen werden!« In solchen Situationen springen dann unsere Spontan-Reaktionen an: »Auf einen groben Klotz gehört ein grober Keil!« ist nur eine der (inneren) Parolen, die uns als Bestätigung unseres Tuns gilt. Wir werden laut, greifen beliebig zu einer – möglichst empfindlichen! – Strafe und führen mit uns selbst innere Dialoge zur Rechtfertigung unserer Entrüstung: »Was bildet der sich ein!«, »so lasse ich mit mir nicht umgehen!«, »dem werde ich zeigen, wo die Grenzen liegen!« – alles emotionale Formen der Stellungnahme, die unserer eigenen Kränkung oder gar Wut entspringen. Mit unserem Gegenüber hat das häufig wenig, mit uns selbst allerdings viel zu tun.

Eine Szene, wie sie sich in einem Berufsvorbereitungsjahr einer pfälzischen Berufsschule abgespielt hat: Daniel kam wieder einmal zu spät zum Unterricht, und er wählte dieses Mal eine besonders »schrille« Form des Auftritts. Schwungvoll öffnete er die Tür des Klassenzimmers, schlug die Hacken zusammen, hob die Hand und grüßte laut mit »Heil Hitler!«. Der Lehrer, ein junger, sehr engagierter Sozialkundelehrer, war schockiert, die Klasse johlte. Daniel ließ sich krachend auf seinen Platz fallen und lehnte sich lässig zurück. Der Lehrer reagierte mit Entschiedenheit: Er führte ihn zum Schulleiter, Daniel wurde für zwei Wochen vom Unterricht ausgeschlossen und seine Eltern wurden zu einem Gespräch einbestellt. Zu Hause war die Hölle los: Daniels Vater nahm ihm sein Motorrad weg und sprach kein Wort mit seinem »missratenen Sohn«, denn er schämte sich zutiefst. Der junge Sozialkundelehrer nutzte diesen Vorfall, um spontan eine Unterrichtssequenz über den Nationalsozialismus in seinen Unterricht einzubauen.

Was ist von diesen erzieherischen Maßnahmen der Schulleitung, des Vaters und des Lehrers zu halten? Unter moralischen Gesichtspunkten können wir diese Entschiedenheit verstehen und vielleicht sogar gut heißen, unter erzieherischen Gesichtspunkten jedoch nicht. Denn um den erzieherischen Wert einer Maßnahme zu beurteilen, müssen wir uns stets fragen, wie diese in der Welt desjenigen ankommen kann, auf den sie sich bezieht. Es ist also wichtig, sich – auch und gerade bei sogenannten schwerwiegenden Vorfällen – zu fragen: Was wissen wir über die Situation von Daniel? Warum greift er zu solchen »schrillen« Formen des Ausdrucks?

Die Welt der »gefährdeten Jugendlichen«

Diese Frage führt uns mitten hinein in die Welt der »gefährdeten Jugendlichen«. Mit diesem Begriff werden in der Jugendforschung Jugendliche charakterisiert, die zu rechtsradikalen Weltanschauungen, gewaltsamen Übergriffen gegen Ausländer oder Mitläufertum in rechtsextremen Gruppen neigen. Wie uns die Forschungen über diese Jugendlichen deutlich zeigen, handelt es sich bei ihnen fast immer um junge Menschen, die

- schulische Probleme haben,
- sich in ihren Elternhäusern wenig geborgen fühlen,
- kaum Erlebnisse der Selbstwirksamkeit haben und
- bisher ein relativ schwach ausgeprägtes Selbstbewusstsein entwickeln konnten.

Die »Versprechungen« und »Erfahrungswelten« der rechtextremen Gruppierungen können in den Augen solcher Jugendlichen Lösungen bereitstellen:

- Sie müssen sich nicht mehr als Versager fühlen, denn sie sind »Deutsche« und wissen: »Unsere Zeit wird kommen!«.
- Sie müssen sich nicht mehr ungeborgen fühlen, weil sie die Kameradschaft am Lagerfeuer und die Geborgenheit in einer

Welt einfacher Parolen, Schuldzuweisungen und Feindbilder gefunden haben.

- Sie können sich in gemeinsamen Gruppenaktionen (wie z. B. gewaltsamen Übergriffen gegen Minderheiten) selbst als wirksam erleben.
- Sie bekommen dadurch ein Bild davon, wer sie sind.

Aus Sicht dieser Jugendlichen stellen rechtsextreme Angebote demnach passende Lösungen für ihre Probleme bereit. Wie ungeeignet und für den einzelnen Jugendlichen schädlich diese Lösungen sind, überblickt der Jugendliche selbst nicht. Er wird in Folge von der Gesellschaft ausgegrenzt und findet nicht das, wonach seine Suche eigentlich fragt: nach einem Platz in der Gemeinschaft, welcher bislang als fragil und bedroht erlebt wird. In dem beschriebenen Beispiel werden diese Erfahrungen durch die entschiedenen Reaktionen von Lehrer, Schulleiter und Vater in dem beschriebenen Beispiel verstärkt: Wieder einmal wird Daniel ausgegrenzt und erlebt, dass er nicht dazugehört, und wieder einmal begegnet ihm das vertraute »Du bist nicht o. k.«. Nur eine gründliche Analyse der Lebenssituation von Daniel zeigt uns, dass er sich durch sein »schrilles« Verhalten genau *die* Erfahrungen »abholt«, die ihn – sicher unbewusst – zu diesem Verhalten gebracht haben. Als Kernregel gilt:

> Wenn Sie erzieherisch reagieren, fragen Sie sich stets, was das »schrille« Verhalten Ihres Kindes oder Schülers ausdrücken möchte. Vermeiden Sie Reaktionen, deren Wirkungen in der Erfahrungswelt des Jugendlichen seine bedrängenden Ausgangserfahrungen bestätigen. Denn dadurch festigen Sie ungewollt, was Sie verändern möchten.

Eine professionelle erzieherische Reaktion muss deshalb darum bemüht sein, solche ungewollten Nebenwirkungen zu vermeiden. Dies setzt voraus, dass man in Erfahrung bringt, wie sich die Welt des Jugendlichen für ihn darstellt und wie er sich in ihr fühlen und zurechtfinden kann. Nur aus diesem Verständnis heraus können wirksame, erzieherische Reaktionen erfolgen. Konkret bedeutet dies, dass Eltern, Lehrerinnen und Lehrer oder Erziehungs- und Beratungskräfte sich bei ihren Reaktionen fragen sollten, ob diese dazu führen, dass der Jugendliche oder die auffälligen Jugendlichen sich nochmals als Versager fühlen, sich ungeborgen oder selbst als unwirksam erleben.

Erzieherische Reaktionen sollten darauf gerichtet sein, was der Jugendliche durch sein schrilles Verhalten eigentlich vehement einfordert. *Nachhaltige Erziehung reagiert nicht aus Entrüstung, sondern aus einer Entschlüsselung des Verhaltens.* Dies bedeutet natürlich nicht, dass Eltern, Erzieher oder Lehrkräfte sich nicht entrüsten oder auch einmal unüberlegt reagieren dürfen. Entscheidend ist, wie sie mittel- und langfristig mit den auffälligen Jugendlichen umgehen: Ist ihr Verhalten nachtragend, festlegend und ausgrenzend, oder sind sie in der Lage, so zu reagieren, dass es der Lebenswelt und den Erfahrungen des Gegenübers wirklich Rechnung trägt? All dies führt zu dem sogenannten Äquivalenzprinzip einer wirksamen Erziehung.

> Handeln Sie stets so, dass Ihre Reaktion in der Welt des Kindes und Jugendlichen Wirkung erzeugt und Perspektiven erschließt!

Im konkreten Fall ging der Lehrer nach dem Vorfall nicht unmittelbar auf Daniel zu. Er hatte ihn aber als »besonderen Jugendlichen« im Blick und veränderte seinen Umgang mit ihm:

Der Lehrer bemühte sich in den nächsten Wochen und Monaten darum, Daniel gezielter anzusprechen und in die sozialen Aktivitäten der Klasse einzubinden. Ganz verblüfft war Daniel, als er vom Lehrer darum gebeten wurde, ihm bei der Planung der nächsten Klassenreise zu helfen. Er übertrug ihm damit einen wirklich verantwortungsvollen Posten, und Daniel erhielt Gelegenheit, alle zwei Wochen der Klasse ausführlich zu berichten und auch andere zu Vorbereitungsarbeiten hinzuzuziehen. Der Lehrer unterließ keine Gelegenheit, um Daniel für sein Engagement zu loben und ihm auch öffentlich – vor der

Klasse – Anerkennung auszusprechen. Anfangs schien Daniel überfordert, und es gab Situationen, da schien er nach einem Vorwand zu suchen, alles hinzuwerfen, um in seine vertraute Welt des »Ich-gehöre-nicht-dazu!« zurückzukehren, doch nach einer Weile wuchs er in seine Aufgabe hinein und erledigte diese zu aller Zufriedenheit.

Regel 6: Suche stets nach dem Eindruck hinter dem Ausdruck!

Kinder und Jugendliche durchlaufen in ihrer Suchbewegung häufig unstabile Phasen, in denen sie bisweilen zu recht schroffen Ausdrucksformen greifen. Viele Eltern erkennen ihre Söhne und Töchter in dieser Phase nicht wieder: Aus dem freundlichen und zugewandten Kind ist ein egoistischer und unfreundlicher Jugendlicher geworden, dem alles egal zu sein scheint, was die Eltern von ihm erwarten.

> Im Rahmen einer Elternberatung sagte ein Vater: »Also, wenn ich ganz ehrlich bin, muss ich zugeben: Mein Sohn enttäuscht mich. Er nimmt bloß, fragt kaum nach den anderen, und auch seine Freizeit besteht eigentlich bloß aus Konsum und neuerdings auch aus Partys und Alkohol. Was wir als seine Eltern davon halten, scheint ihm völlig gleichgültig zu sein. Und: Je mehr er unsere Unzufriedenheit merkt, desto schriller wird sein Auftreten. Sie müssten mal sehen, wie der rumläuft. Längst schon gehe ich mit ihm nirgendwo mehr hin – was sollen denn die Leute denken?«

Angesichts solcher Enttäuschungen ist die Versuchung von Eltern und Erziehungsverantwortlichen groß, den Kindern immer und immer wieder mit deutlichen Worten »die Meinung zu sagen«, obgleich diese doch schon längst wissen, dass wir ihr Verhalten und ihr Auftreten missbilligen oder gar ablehnen. Und doch provozieren sie uns immer und immer wieder. Und wir? Wir lassen uns provozieren und reagieren auf die Provokation – nur nicht auf die sich dadurch ausdrückende Suchbewegung des Kindes und Jugendlichen. Das aus dem Lateinischen stammende Verb »provozieren« bedeutet ursprünglich so viel wie »hervorrufen«. Die Frage ist demnach: Was möchten Kinder und Jugendliche »hervorrufen«, wenn sie sich nicht an die Regeln halten oder unsere Erwartungen enttäuschen? Was ist der Hintergrund dieser »Bemühungen«?

In einer Lehrerkonferenz ging es um den Schulausschluss eines »schwierigen« Schülers, der die Lehrkräfte auch persönlich beleidigte und durch sein lautes und provozierendes Verhalten vehement störte. Eine Lehrerin stellte zur Überraschung aller Anwesenden fest: »Also ich finde, dass Konrad ganz schön viel erreicht hat. Ihr müsst euch nur mal vor Augen führen, welcher Erfolg es ist, wenn sich ein ganzes Lehrerkollegium fast zwei Stunden lang mit einem beschäftigt. Ich habe das als Schülerin nie erreicht. Ich glaube, wir tun damit genau das, was Konrad provozieren will. Natürlich hat er noch nicht die richtigen Ausdrucksformen gefunden, um auf sich aufmerksam zu machen. Aber ist es nicht genau das, worum es ihm doch geht? Ist das nicht der Aufschrei: ›Befasst euch mit mir: Ich brauche eure Reaktion, um zu spüren, dass ich da bin!‹ Und was machen wir? Wir sind ihm zu Diensten, indem wir über richtig spektakuläre Reaktionen nachdenken.« Ein Kollege, der in besonderem Maße unter Konrads Provokationen zu leiden hatte, reagierte zornig: »So ein Blödsinn, willst du etwa, dass wir nichts tun und alles so geschehen lassen? Das kann doch nicht dein Ernst sein!«

Nach den Hintergründen fragen

In der folgenden hitzigen Debatte überzeugte die Lehrerin ihr Kollegium davon, erst einmal nach den Hintergründen zu forschen. Nur dann könne es gelingen, eine erzieherische Reaktion zu »platzieren«, die nicht von der eigenen Entrüstung geprägt sei, sondern sich auf das bezieht, was tatsächlich der Fall ist.

Die Suche nach dem Eindruck hinter dem Ausdruck ist also der grundlegende Schritt einer auf Wirkung bedachten Erziehungsreaktion. Die Leitfrage ist: Was wissen wir über die Perspektive des »provozierenden Schülers«? Oder: Wie fühlt sich das Leben aus seiner Lage heraus an?

Diese Art, sich mit dem Eindruck hinter dem Ausdruck zu beschäftigen, entspricht dem Vorgehen, wie wir es z. B. von Ärzten oder anderen helfenden Berufen kennen. Dort wird auch nicht ohne eine genauere Analyse einfach auf Symptome reagiert, sondern das Bemühen dreht sich zunächst um eine detaillierte Diagnose. Erst diese Diagnose erlaubt dem Arzt, z. B. auf Schluckbeschwerden adäquat zu reagieren. Denn es ist ein Unterschied, ob diese durch eine fiebrige Erkältung ausgelöst werden oder auf einen Kehlkopf- oder Rachenraumkrebs zurückzuführen sind. Die Erziehungsmaßnahmen, zu denen wir routinemäßig greifen, entsprechen dem erfolglosen Bemühen, einer entstehenden

Zehn Leitfragen zur Begründung einer Erziehungsmaßnahme

Phase	Leitfragen
Diagnose	Welche Informationen haben Sie über die Lebenssituation, bisherigen Erfahrungen sowie Potenziale des Kindes oder Jugendlichen, der Sie provoziert?
	Wie können Sie seine Aktivitäten wertschätzend charakterisieren?
	Worunter leidet das als störend empfundene Kind oder der Jugendliche selbst?
Therapie	Welche »Medikamente« haben Sie bereits ohne durchschlagenden Erfolg erprobt?
	Haben Sie die unwirksamen »Medikamente« tatsächlich abgesetzt?
	Welche homöopathischen Mittel könnten helfen?
	Wie können Sie die Selbstheilungskräfte fördern?
Rehabilitation	Was »verschreiben« Sie für die Zeit nach der Therapie?
	Wie organisieren Sie die Rückkehr in den Alltag?
	Welche ambulante erzieherische Nachsorge sehen Sie vor?

Krebserkrankung mit Lutschtabletten zu Leibe rücken zu wollen. Bisweilen reagieren wir aber auch – übertragen gesehen – umgekehrt: Wir setzen bei einer leichten Erkältung eine schwere Operation an.

Im konkreten Fall bewirkte bereits der veränderte Blick der Lehrerinnen und Lehrer, dass sich das Verhalten des provozierenden Schülers Schritt für Schritt ändern konnte. Die bloße Tatsache, dass sie sich die Zeit genommen hatten, sich einer gründlichen Diagnose des störenden Verhaltens von Konrad zu widmen, eröffnete ihnen einen neuen Blick und damit auch eine neue innere Beziehung zu ihm. Sie reagierten nicht mehr länger nur auf die Symptome. Konrad spürte das sich verändernde Klima und – auch, wenn er das zunächst nie zugegeben hätte – fühlte sich wohl in dem freundlicheren Klima. Zwar provozierte er nach wie vor, doch die Lehrkräfte gingen damit irgendwie lockerer um, nahmen es nicht mehr so wichtig und ließen seine Eskapaden unkommentiert verstreichen, um dann einfach so weiterzumachen wie bisher. Gleichzeitig bemerkte er, dass sie ihm auch, wenn er nicht durch Provokationen auf sich aufmerksam machte, gleichermaßen interessiert und zugewandt begegneten – eine Erfahrung, die für ihn völlig fremd und ungewohnt war. Allmählich lernte er, auf diese Zugewandtheit zu vertrauen und sich auch selbst mit Fragen und Problemen an seine Lehrerinnen und Lehrer zu wenden.

Weitere Schritte einer diagnostisch begründeten erzieherischen Reaktion sind:

Reagieren Sie nicht auf Symptome, sondern auf deren Ursachen!

Machen Sie Ihre eigene Wertschätzung des Kindes oder Jugendlichen nicht von seinem Verhalten abhängig!

Vergessen Sie nie: Je »schriller« die Provokation des Gegenübers, desto schwerwiegender ist häufig die Diagnose!

Handeln Sie stets nach dem Grundsatz: Je schwerwiegender die Diagnose, desto intensiver und vorsichtiger muss die Therapie sein!

Setzen Sie die Maßnahmen, die sich als unwirksam erwiesen haben, auch tatsächlich ein für alle Mal ab!

Nachdem das Lehrer-Kollegium einige Zeit mit der veränderten Strategie, »Suche stets nach dem Eindruck hinter dem Ausdruck!«, gearbeitet hatte, fiel ihnen auf, dass sie kaum noch über schwierige Schülerinnen und Schüler oder deren Verhalten klagten. Sie hatten sich vielmehr angewöhnt, gerade diese Schülerinnen als eigentliche Klientel verstärkt in den Blick zu nehmen und sich gezielter mit diesen Schülerinnen und Schüler auseinanderzusetzen. Dabei bemerkten sie, dass bereits der veränderte Blick, den sie auf diese Kinder und Jugendlichen richteten, alles zu verändern mag: Die Kinder erleben sich anders – und sie werden anders.

Regel 7: Arbeite mit überraschenden Reaktionen!

Viele Erziehungsmaßnahmen sind bereits deshalb zur Unwirksamkeit verdammt, weil sie vom Kind oder Jugendlichen letztlich erwartet und kalkuliert werden können. Das ist jedoch das Ende jeglicher Erziehung, denn Erziehung »lebt« von der *Einsicht* und dem Veränderungswillen, den sie im Gegenüber zu stiften vermag. Nur wenn das Kind oder der Jugendliche die erwartete Haltung oder Verhaltensweise tatsächlich zeigt, ist das angebahnt worden, was erzieherisches Ziel war. Vordergründige und nur kurzfristig wirksame Formen eines mit Drohung erzwungenen Verhaltens sind demgegenüber Anpassung und keine Erziehung, d. h. Zwang ohne Freiwilligkeit.

Erziehung ist kein »Geschäft«. Sie dreht sich nicht um ein sozial erwünschtes oder gar erzwungenes Verhalten. Kinder und Jugendliche können nur dann in ihrer Verhaltensentwicklung voranschreiten, wenn sie eine Resonanz erleben, die ihr Verhalten dauerhaft beeinflusst und zur Veränderung führt.

Der Jugendliche, der längere Zeit dem Unterricht ferngeblieben ist, »erwartet« geradezu, dass man ihn ermahnt, von ihm eine besondere Leistung (früher: »Strafarbeit«) erwartet oder seine Eltern zu einem Gespräch geladen werden, denn das sind seine bisherigen Erfahrungen. Natürlich müssen mögliche Konsequenzen bzw. Strafen demjenigen bekannt sein, an den sie gerichtet sind. Doch sind solche erwartungsgemäßen Reaktionen wirklich erziehungswirksam? Lässt sich durch das Anfertigen einer Strafarbeit wirklich die Wahrscheinlichkeit erhöhen, dass der Schüler oder die Schülerin zukünftig regelmäßiger am Unterricht teilnimmt?

Vorsicht vor vorhersehbaren und erwartungsgemäßen erzieherischen Reaktionen bei wiederholten Regelabweichungen! Denn in der Regel gilt: Was erwartet wird, verblasst auch ganz schnell. Nachhaltige Erziehung ist jedoch eine Verhaltensänderung aufgrund nachdrücklicher Erfahrungen oder Erlebnisse. Stellen Sie sich die Frage: Wie kann

ich das Kind oder den Jugendlichen mit überraschenden Reaktionen
irritieren, konfrontieren und inspirieren?

Überraschend reagieren

In einem Gymnasium war ein Jugendlicher zwei Monate ohne
Entschuldigung von Unterricht ferngeblieben und von seiner
Schule und den Lehrern nicht bestraft worden. In einem Interview
äußerte sich ein Lehrer dieser Schule: »Was war denn eigentlich
geschehen? Der Schüler nahm nicht am Unterricht teil, er war in
dieser Zeit in Frankreich, um einen unserer Austauschschüler in
einer Familienangelegenheit zu unterstützen: Sicherlich: Das of-
fizielle Schulcurriculum ist das nicht, aber es war auch nicht ein
einfaches Fernbleiben, ohne dass etwas gelernt wurde! Aus diesem Grunde haben wir auf diesen Fall in anderer Weise reagiert:
Der Schüler musste genau begründen, welche Kompetenzen er
in diesen zwei Monaten entwickeln konnte und wie diese vor
dem Hintergrund des versäumten Stoffes einzuschätzen sind. Er
sollte diese Kompetenzen zum einen glaubwürdig darlegen, zum
anderen aber auch einen Plan vorlegen, wie er die »versäumten«
Kompetenzen selbst »nachzuholen« gedenkt.

Diese Form der erzieherischen Reaktion ist nicht nur überraschend, sie stärkt auch die Verantwortlichkeit des Gegenübers.
Mit ihr wird den drei grundlegenden Ansprüchen jeglicher Erziehung in beeindruckender Weise Rechnung getragen: »der
Förderung des Lernens, des Individuums und des Sozialverhaltens« (Bennack 2006, S. 69). Der Schüler wird nicht einfach
nur ermahnt oder bestraft; er erhält vielmehr die Gelegenheit,
die Folgen seines Verhaltens für seine schulische Kompetenz-
entwicklung in eigener Verantwortung zu beurteilen und selbst
Wege zur Überwindung etwaiger Versäumnisse zu finden.
Gleichzeitig wird seine Selbstverantwortung gestärkt, indem einerseits unterstellt wird, dass er »gute Gründe« für sein Verhalten hat und zudem in der Lage ist, sein Lernen selbst zu steuern

und zu gestalten. Die »Förderung« des Sozialverhaltens kommt nicht nur darin zum Ausdruck, dass die Abwesenheit vom Unterricht der Unterstützung eines Freundes diente, sondern auch in der für alle spürbar gelebten Haltung des Lehrers oder der Lehrerin, dass Menschen – auch wenn sie für uns überraschend, ärgerlich oder auffällig handeln – meist eigenen »guten Gründen« folgen, die es prinzipiell zu unterstellen und zu respektieren gilt. Schließlich trauen wir ihnen damit zu, dass sie in der Lage sind, ihr Verhalten zu verantworten – im gegebenen Fall dadurch, dass der Schüler selbst die Rechtfertigung, aber auch das Aufholen des möglicherweise Versäumten in die Hand nimmt.

> Selbstverantwortliches Handeln entsteht nur, wenn der Schüler tatsächlich die Verantwortung für sein Verhalten übernehmen »darf«. Dies bedeutet: Verändern Sie das Bild, das Sie sich von ihm entwickelt haben. Stellen Sie ihn sich nicht nur als »Regelverletzer«, sondern auch als jemanden dar, der für sein Verhalten »gute Gründe« hat und selbst in der Lage ist, Versäumtes nachzuholen, Fehler einzusehen und auch wiedergutzumachen! Überraschen Sie das Kind oder den Jugendlichen dadurch, dass Sie nicht strafend, sondern auffordernd und zutrauend reagieren!

Um in diesem Sinne auf ein abweichendes Verhalten reagieren zu können, sollten Sie sich ein Nachfrage-Set zulegen, das Ihnen in der konkreten erzieherischen Situation hilft, nicht vorschnell – wieder – in die (ver)urteilende Rolle zu fallen. Wichtig ist, sich dem Kind oder Jugendlichen zutrauend zuzuwenden.

Die Zutrauensfragen

Die folgende Übersicht stellt sieben Zutrauensfragen zusammen.

Wie erklärt und »rechtfertigt« das Kind oder der Jugendliche sein Verhalten sich selbst und anderen gegenüber?
Was denkt das Kind oder der Jugendliche über die Wirkungen, die sein Verhalten auf uns oder andere hat? (Beliebte Frage: Was meinst du, was deine Freunde meinen, was du mit deinem Verhalten bewirkst?)
Was glaubt das Kind oder der Jugendliche, was eine angemessene Reaktion seines Umfeldes (Lehrer, Eltern etc.) auf sein Verhalten sein könnte?
Wie glaubt das Kind oder der Jugendliche, die Versäumnisse ausgleichen oder den entstandenen Schaden wiedergutmachen zu können?
Wie möchte das Kind oder der Jugendliche einen entsprechenden Ausgleich selbstverantwortlich erbringen?
Weiß das Kind oder der Jugendliche, welche schädigenden Wirkungen sein Verhalten für seine eigenen Entwicklungen (z. B. bei schulischen Versäumnissen) haben kann?
Welche Vorschläge entwickelt das Kind oder der Jugendliche?

Die Zutrauensfragen sind die Türen zu einer Erziehung im Dialog, wie sie uns der Philosoph und Pädagoge Martin Buber nahegebracht hat. Für eine solche dialogische Erziehung ist »Gegenseitigkeit« grundlegend. Eltern, Lehrer und Lehrerinnen sollen das, was sie dem Kind oder Jugendlichen zumuten, stets auch »von der Gegenseite« her erfahren. Konkret bedeutet dies, dass es um mehr geht als um die bloße Fähigkeit, sich in das Kind oder den Jugendlichen einfühlen zu können, um seine Beweggründe und Vorstellungen zu erspüren. Vielmehr sprechen wir das Kind oder den Jugendlichen bereits als verantwortliches Wesen an und unterstellen, dass dieses Wesen Gründe für sein Verhalten angeben und Konsequenzen abschätzen kann.

Der Erzieher bezieht sich in diesem Dialog nicht bloß auf das Kind oder den Jugendlichen, sondern lässt diese vielmehr teilhaben an der Welt der Verantwortlichkeit. Dies gilt natürlich nicht nur dann, wenn man Regelabweichung und Störung feststellt. Diese Teilhabe sollte in unserem Umgang mit dem Kind oder Jugendlichen – auch wenn wir nicht bewusst erziehen – stets mitschwingen.

Erziehung ist nicht nur ein Anlass, sondern Ausdruck und Ergebnis eines kontinuierlichen Dialoges.

Martin Buber schreibt hierzu:

»Ich habe auf das Kind hingewiesen, das halbgeschlossener Augen daliegend, der Ansprache der Mutter harrt. Aber manche Kinder brauchen nicht zu harren: weil sie sich unablässig angesprochen wissen, in einer nie abreißenden Zwiesprache. Im Angesicht der einsamen Nacht, die einzudringen droht, liegen sie bewahrt und behütet, unverwundbar, im silbernen Panzerhemd des Vertrauens. Vertrauen, Vertrauen zur Welt, weil es diesen Menschen gibt, das ist das innerlichste Werk des erzieherischen Verhältnisses. Weil es diesen Menschen gibt, kann der Widersinn nicht die wahre Wahrheit sein, so hart er einen bedrängt« (Buber 1986, S. 40).

Regel 8: Reagiere besonnen, und bleibe konsequent!

»Konsequent bleiben? Schon das ist schwierig. Aber auch noch ›besonnen‹ reagieren. Das ist leichter gesagt als getan, wenn meine Schüler über Tische und Bänke gehen«, so die naheliegende Reaktion überforderter Eltern oder gestresster Lehrkräfte. Das drängende Bemühen, erst einmal Ruhe herzustellen, steht so im Vordergrund, dass die Besonnenheit zu kurz kommt. Für Erziehungsverantwortliche stellt sich demnach die Frage: Wie handle ich in Erziehungssituationen, in denen ich mich viel zu überfordert fühle, um besonnen reagieren zu können?

Eine junge Mutter kam völlig ausgebrannt und erschöpft in eine Erziehungsberatung: »Also, ich halte meine Kinder nicht mehr aus. Kaum habe ich den Einen an die Hausaufgaben gesetzt, liegen sich die beiden Kleinen in den Haaren und machen sich gegenseitig ihre Spielsachen kaputt. Während ich dort Frieden zu stiften versuche, surft der Große bereits wieder im Internet, obwohl ich ihm das verboten habe. Ich müsste mich verdoppeln, manchmal sogar verdreifachen können. Und was mich die meisten Kräfte kostet: Bei uns ist ständig ein Lärm und Getue, dass ich manchmal am liebsten laut schreiend davonrennen würde. Fast jeden Tag spielt sich das so ab – und ich habe oft richtig Angst vor den Nachmittagen.

Mit Überblick besonnen handeln

Erziehungsverantwortliche, die sich in solchen oder ähnlichen Überforderungssituationen befinden, haben oft den Überblick verloren. Sie sind gefangen im Hamsterrad erfolgloser Bemühungen und spüren nur, wie die Situation an ihren Kräften zehrt. Selten kann man sie mit einem einzigen tollen Erziehungsrat aus diesem Dilemma befreien. Es geht vielmehr darum, ihnen verschiedene erfolgversprechende Maßnahmen zu zeigen, aus denen sie sich ein wirksames »Erziehungshaus« bauen können.

Besonnen handeln wird nur, wer sich auf etwas besinnen kann. Unser Erziehungshandeln kann nur dann erfolgreich sein, wenn wir nicht nur wissen, was wir wollen, sondern auch was möglich ist. Wer sich nur auf seine Spontanreaktionen verlässt, verspielt die Wirksamkeit seiner Erziehung. Wenn wir wissen, was notwendig ist, müssen wir die entsprechenden Maßnahmen gekonnt zu dosieren lernen.

Konkrete Erziehungsprobleme werfen stets auch die Frage auf, wie es mit der »Dosierungs«-Kompetenz der Verantwortlichen bestellt ist. Natürlich lässt sich der erzieherische Erfolg im Umgang mit unseren Kindern nicht garantieren – genau wie es auch keine Umtauschgarantie gibt –, aber wir können stets checken, ob wir an alle Aspekte einer besonnenen und konsequenten Erziehung auch wirklich gedacht haben. Erziehungssituationen sind immer neu und anders. Daher benötigen Eltern, Lehrkräfte und Erzieher einen differenzierten Blick, um klar zu sehen, was zu tun und was zu lassen ist.

Erziehung zu dosieren bedeutet demnach: Sich klar werden darüber, was man selbst von seiner Erziehungsmaßnahme erwartet, und was man zu tun bereit ist, um diese Erwartungen im Verhalten des Kindes oder Jugendlichen Wirklichkeit werden zu lassen.

Indem ich als Erziehungsverantwortlicher meine eigenen Erwartungen und Erziehungsmaßnahmen zu dosieren lerne, höre ich auch auf, aus der gekränkten Überforderung heraus spontan zu reagieren. Spontane Reaktionen wirken oft unangemessen und überzogen und werden vom Gegenüber kaum verstanden und selten ernst genommen.

Wirksam kann unsere Erziehung nur sein, wenn unsere Kinder das, was wir tun, ernst nehmen. Zwar können wir dies nicht erzwingen, aber wir können klar, berechenbar und konsequent auftreten. Damit verlassen wir das ewige Hin und Her der Erziehung und werden zu einer sichtbaren und spürbaren Größe im Erfahrungsraum unserer Kinder.

Die sieben Aspekte des Dosierens

Deklaration
Machen Sie Ihren Kindern oder Schülerinnen und Schülern eine deutliche Ansage, welche fünf Verhaltensweisen Sie nicht akzeptieren werden. Sie müssen wissen, zu welchen Konsequenzen Sie greifen werden, wenn sie gegen diese Erwartungen verstoßen. Definieren Sie einen Bußgeldkatalog und besprechen Sie ihn mit den Kindern!

Organisation
Bestimmen Sie genau, wann Sie die Regeleinhaltung überprüfen (z. B. »aufgeräumtes Zimmer«) und wie Sie bei spontanen Regelverstößen (z. B. Aggression) reagieren werden. Schaffen Sie einen Raum, den Sie nutzen, um Ihre Entscheidungen bekannt zu geben.

Selbstschutz
Schützen Sie sich vor Überforderung und Aggression. Überlegen Sie, ob Sie wirklich stets gefordert sind! Suchen Sie nach Räumen, in die Sie ausweichen können, um nicht ständig im Zentrum des Geschehens zu stehen. Delegieren Sie Verantwortung (an die großen Kinder, den Klassensprecher oder andere).

Initiative
Sie definieren den Rahmen. Nehmen Sie sich deshalb Zeit, genau zu beschreiben, was Sie erwarten, welche Regelverstöße für Sie gravierend sind, und was Sie als Konsequenz zu tun bereit sind, um diese zu unterbinden.

Entschlossenheit
Halten Sie die Konsequenzen, die Sie beschrieben haben, stets ein. Die meisten Erziehungsprobleme entstehen durch die Inkonsequenz eines »Mal-hüh-mal-Hott«-Schlendrians, der die Kinder überfordert und verunsichert (Sie wissen nicht, was jetzt gilt).

Ruhe
Treffen Sie keine dieser Festlegungen aus der Unruhe heraus. Klären Sie in Ruhe und Besonnenheit Ihr Erziehungskonzept. Denken Sie dabei auch an die Freude, die Ihnen Ihre Kinder machen, und versuchen Sie sich vorzustellen, wie sie auf Ihren erzieherischen Rahmen (»die fünf unakzeptablen Verhaltensweisen«) und Ihren Bußgeldkatalog reagieren werden.

Entlastung
Suchen Sie nach Entlastungsmöglichkeiten. Man muss nicht ständig selbst auf seine Kinder aufpassen. Fragen Sie sich, in welchen Zeiträumen Ihre Kinder auch mit anderen (z. B. Onkeln, Tanten, Freunden) regelmäßig Stunden verbringen können. Abwechslung bringt ihnen Möglichkeiten, anderes zu erleben und auch anders sein zu dürfen.

Regel 9: Schmiede Gefühle, »wenn sie kalt sind«!

Diese Regel stammt von Haim Oder (Universität Tel Aviv) und Arist von Schippe (Universität Witten/Herdecke). Beide geben Eltern »von Kindern mit Verhaltensproblemen« (Omer u. von Schippe 2006) einen ungewöhnlichen Rat: Gegen das Verhalten, gegen das ihnen nichts mehr möglich erscheint, sollen sie mit Formen eines gewaltlosen Widerstandes reagieren. An die Stelle von wirkungslosen Argumentationen, Appellen oder Drohungen setzt der gewaltlose Widerstand »dort ein, wo Worte aufhören zu wirken« (Omer u. von Schippe 2005, S. 41). Die beiden Wissenschaftler schreiben:

> »Das paradoxe Phänomen, dass verbale Argumente, Beschwörungen und Erklärungen das Gegenteil von dem bewirken können, was beabsichtigt war, ist den Eltern aggressiver Kinder wohl bekannt. Je mehr sie reden, umso mehr ist das Kind überzeugt, dass die Eltern nicht bereit sind zu handeln. Elterliches Reden wirkt sich dann wie eine Garantie dafür aus, dass das Kind weiter tun kann, was es will. Aus diesem Grunde versuchen viele Kinder, besonders Adoleszenten, ihre Eltern in Streitgespräche zu verwickeln. Sie wissen aus Erfahrung, dass ihre Eltern nicht handeln, solange sie argumentieren. Elterliches Reden kann also schädlich sein, wenn es die Energie für eine Eskalation liefert: Die Bitten der Eltern verwandeln sich in Forderungen und ihre Forderungen werden zu Drohungen. Das Kind zahlt mit gleicher Münze zurück: Argumente werden mit lauteren Argumenten quittiert und Drohungen mit härteren Gegendrohungen. Manchmal ängstigt die Eskalation die Eltern so sehr, dass sie zum sanften Bitten zurückkehren – eine Pendelbewegung, die jedoch ebenfalls zur Eskalation beiträgt: Das Kind reagiert auf das Weichwerden der Eltern mit Verachtung und verstärkten Forderungen. Der negative Zyklus kann unterbrochen werden, wenn die Eltern lernen, wie man nicht in eskalierende Verbalisierungen hineingezogen wird: »Schmiede das Eisen, wenn es kalt ist« (Omer u. von Schippe 2005, S. 41 und 43).

Daraus formt sich der Grundsatz einer systemisch wirksamen Erziehung:

> Vermeiden Sie die »Eskalationsfallen« einer argumentativen Erziehungsstrategie! Wenn Sie eine Verhaltensweise Ihres Kindes nicht akzeptieren wollen, dann signalisieren Sie ihm klar und deutlich: »Ich bin nicht länger bereit, diese Situation hinzunehmen, und werde alles in meiner Macht Stehende tun, um sie zu ändern, ausgenommen, dich psychisch oder verbal anzugreifen« (Omer u. von Schippe 2005, S. 231).

Indem Eltern diese Wendung zur – auch verbalen – Gewaltlosigkeit vollziehen, befreien sie sich aus ihrer Passivität und oft bloß reagierenden Rolle. Sie gewinnen dadurch ihre Aktivität und Präsenz zurück. Gleichzeitig steigen sie aus den nicht enden wollenden Debatten mit ihren Halbwüchsigen aus, die häufig lange schon die Beziehung zu ihren Kindern belastete oder gar zu zerstören begonnen hatte. Die entscheidende Botschaft an das Kind lautet: »Ich bin hier verantwortlich, und ich nehme meine Verantwortung wahr!«

Formen und Prinzipien eines gewaltlosen Widerstandes

Die wesentlichen Formen und Prinzipien eines gewaltlosen Widerstandes von Eltern gegen das Verhalten ihrer Kinder sind:

Formen und Prinzipien	Erfahrungen
(1) Aus dem Teufelskreis aussteigen: den Provokationen widerstehen (sich nicht hineinziehen lassen), das Prinzip der verzögerten Reaktion	… ermöglichen Eltern eine respektvolle Rolle bzw. eine Rolle, die sich wieder Respekt erwirbt (denn: Es gibt gewaltlose Anteile im Gegenüber)
(2) Ankündigen: Verwenden einer Sprache »objektiver Tatsachen«	

(3) Das Sit-in: nicht unmittelbar nach einer Auseinandersetzung reagieren, demonstratives Warten auf einen Vorschlag des Kindes	… verdeutlichen dem Gegenüber die Wirkungslosigkeit seines gewaltsamen Auftretens, was über lang oder kurz dazu führt, dass es aufgeben wird
(4) Das Siegel der Geheimhaltung brechen: Unterstützer und Vermittler benennen, Öffentlichkeit herstellen, Taten benennen (z. B. Gewalt und Nötigung), Briefe an Freunde und Verwandte schreiben	
(5) Die Telefonrunde: bei Freunden bzw. deren Eltern anrufen (z. B. wenn ein Kind nachts nicht heimkommt)	
(6) Nachgehen und Aufsuchen	… zeigen dem Kind, dass man aus der systemischen Dynamik ausgestiegen ist, dass man autonom und würdevoll handelt (z. B. Dienste verweigert), dass man dem Gegenüber eine sachangemessene Lösung zutraut
(7) Der verlängerte Sitzstreik: dreitägiger Sitzstreik (bei schwerwiegenden, z. B. kriminellen Handlungen) unter Teilnahme möglichst vieler Freunde und Verwandter	
(8) Gehorsamsverweigerung: Dienste einstellen, Tabus brechen (z. B. in die Schule gehen)	
(9) Gesten der Versöhnung: z. B. Anerkennung, gemeinsame Unternehmungen (nicht als Belohnung)	

Haim Omer und Arist von Schlippe berichten u. a. den Fall von Amelie, die sich mehr und mehr »in ihre Höhle zurückzog«, sich dort einschloss sowie seltsame Essgewohnheiten und zwanghafte Verhaltensweisen an den Tag legte. Ihre Eltern waren damit komplett überfordert und suchten deshalb einen Familientherapeuten auf:

»Der Therapeut wies die Eltern an, Amelies Zimmer gemeinsam zu betreten und dort jeweils drei Stunden zu bleiben. Die Mutter könnte dabei den Raum säubern (Amelie hatte längst ihren Ordnungssinn aufgegeben, ihr Zimmer war ein völliges Durcheinander). Wenn Amelie gewalttätig werden würde, sollte der Vater sie davon abhalten, sie zu schlagen. Der Therapeut wollte sich rund um die Uhr für Telefonanrufe bereithalten. Das Ziel war, Amelies unhinterfragte territoriale Unangreifbarkeit herauszufordern und sie zu Verhandlungsgesprächen zu bringen.

Die Reaktion kam unglaublich schnell. Die zerkratzte Wange des Vaters und das blaue Auge der Mutter waren die einzigen Unfälle in der Schlacht. Als der Vater sie zurückhielt, fing Amelie an zu schreien. Sie schrie eine Stunde lang. Dann fing sie an zu wimmern und hielt das während zweier weiterer Sit-ins durch. Gegen Ende des dritten Sit-ins fing Amelie an zu reden. Zuerst versuchte sie eine Koalition mit dem Vater auf Kosten der Mutter. Als das fehlschlug, entschied sie sich zu verhandeln. Keine weiteren Sit-ins waren notwendig. Amelie aß auch wieder mit der Familie. Nach einer Woche ging sie mit ihrer Mutter einkaufen (das hatte sie nicht mehr getan, seit sie fünfzehn war). Sie nahm auch ihre Teilzeitarbeit wieder auf und entschloss sich, die Universität zu besuchen. Sie hat während der letzten zwei Jahre erfolgreich studiert. Eingeschlossen hat sie sich nie wieder« (Omer u. von Schlippe 2006, S. 96 f.).

Solche Erfahrungen zeigen, dass Eltern nicht kapitulieren müssen, sondern durch eine deutlich gelebte Präsenz (»Ich bin zuständig!«) Situationen verändern können. Der grundlegende Schritt ist der zu einer anderen erzieherischen Haltung, der es nicht mehr darum geht, Recht zu behalten oder gar das letzte Wort zu haben. Entscheidend ist vielmehr, dass Eltern ihre Aktivität und Würde wieder erlangen und sich aus nicht enden wollenden, aber unwirksamen Eskalationsspiralen verbaler Konfrontation befreien. Sie zeigen auf eine entschlossene und mutige Art, was sie erwarten und dass sie gewillt sind, dieses durchzusetzen. Haim Omer gibt in seinen »Prinzipien des gewaltlosen Widerstandes in der Kindererziehung – Anleitung für Eltern« den Eltern folgende »Hinweise«[2]:

---

2 www.suchthilfe.biz/Elternanleitung.pdf

»Eltern, die sich häufiger in Auseinandersetzungen mit ihren Kindern hineinziehen lassen, neigen dazu, viel zu reden, zu predigen, zu diskutieren, zu entschuldigen, zu rechtfertigen, zu schreien, zu überzeugen und sich zu revanchieren: (…)

Hinweis:

- Jede dieser Reaktionen bedeutet ein Hineingezogenwerden.
- Jede dieser Formen des Hineingezogenwerdens führt zur Eskalation!

(…)

- Zu viel zu reden ist eskalierend.
- Zu viel reden entspringt der Hilflosigkeit.
- Äußerungen eines klaren Verbots führen zu weniger Eskalationen als Ihre Versuche, zu überzeugen, zu predigen und zu debattieren.

(…)

- Einem übermächtigen Kind Bedingungen zu stellen, um eine gewünschte Haltung zu erreichen, führt zu der Gefahr, dass sich die Eskalation weiter verschärft. Es antwortet dann immer mit neuen Stellen von Bedingungen.
- Bei solchen Kindern ist alles Stellen von Bedingungen (wenn … dann) zu vermeiden.

(…)

- Schieben Sie Ihre Reaktion auf! Nehmen Sie sich Zeit, um Ihre Reaktion zu planen!
- Im Zweifelsfall schweigen und nicht reagieren. Schweigen ist keine Kapitulation!«

Regel 10: Ziele mit deiner Erziehungsmaßnahme auf das Verhalten, nicht auf die Person!

Diese Erziehungsregel klingt selbstverständlich – ist es aber nicht. Wenn Kinder oder Jugendliche die Erwachsenen herausfordern, überfordern oder gar beleidigen, reagieren diese oft ebenfalls unbesonnen. Nicht selten gibt ein Wort das andere und es gibt Fälle, in denen Eltern sich auf das Übelste beschimpft sehen. Erziehungsberater berichten bisweilen sogar über Fälle, in denen z. B. halbwüchsige Söhne ihrer Mutter sagen, »wo es lang geht«, wann diese z. B. ihr Auto haben kann – oft mit grob respektlosem Verhalten einhergehend.

> Eine Mutter berichtete unter Tränen, dass ihr Sohn sie immer wieder als »blöde Ziege« bezeichne und ihr letzthin auch zugebrüllt habe: »Von dir lasse ich mir gar nichts mehr sagen! Du kriegst ja dein eigenes Leben nicht auf die Reihe und willst mir sagen, was ich tun soll.« Sie war völlig verzweifelt und sagte: »Ich bin doch verantwortlich für ihn. Was soll nur aus ihm werden?«

In einer solchen Lebenssituation ist es wichtig, sich genau darüber klar zu werden, was eigentlich ansteht und erwartet werden kann. Sicherlich macht sich die Mutter Sorgen, weil ihr Sohn so anmaßend auftritt und auch in der Berufsschule und an seinem Arbeitsplatz ständig aneckt. Noch wichtiger ist es, dieser Mutter zunächst klar zu machen, dass es um die Frage geht, welche Verhaltensweisen ihres Sohnes ihr selbst schaden. Eine andauernde Respektlosigkeit kann nämlich nur ertragen, wer selbst unsicher in seiner Elternrolle oder gar in seiner Rolle als Erwachsener ist. Denn es gilt der Satz:

Erziehen kann nur, wer sich selbst respektiert.

Dem Kind einen guten Widerpart bieten

Und hier liegt oftmals vieles im Argen. Wo Kinder auftrumpfen, haben Eltern meist bereits aufgegeben oder erleben sich selbst als wirkungslos – nicht nur in Erziehungsfragen. Eltern sind oftmals darauf bedacht, eine harmonische Beziehung um nahezu jeden Preis zu erhalten. Streiten und Konflikte erscheinen ihnen schädlich, und sie spüren nicht, dass ihr ständiges Nachgeben ganz allmählich ihre Autorität vollständig untergräbt. Kinder suchen die Auseinandersetzung mit einem Widerpart. Die Frage ist, ob Eltern wirklich bereit und in der Lage sind, diesen Widerpart darzustellen und Konflikten nicht auszuweichen, sondern sich ihnen zu stellen.

Sind Sie Ihrem Kind ein guter Widerpart?	häufig	selten	nie
Ich höre mir Schilderungen, Berichte und Sorgen an, ohne gleich eigene Kommentare und Meinungen auszudrücken			
Ich erkläre meine Erwartungen in freundlich-verbindlichen Ton und definiere auch, mit welchen Konsequenzen ich Regelverstöße ahnden werde			
Bei Regelverstößen reagiere ich nicht emotional, sondern sachlich und konsequent			
Ich bin im Ton gleichermaßen freundlich und zugewandt – auch, wenn ich enttäuscht wurde oder gerade einen Regelverstoß ahnde			
Ich traue meinem Kind die Lösung seiner Probleme und der Konflikte, in die es gerät, grundsätzlich zu			

Der dänische Erziehungsberater Jesper Juul schreibt hierzu:

>*Die meisten Kinder – egal, ob zu Hause, im Kindergarten oder in der Schule – sind tatsächlich fähig, ihre Konflikte selbstständig zu bewältigen, sie brauchen die Supervision der Erwachsenen wirklich nicht. Die Idee der Erwachsenen, alle Konflikte in einer vernünftigen Weise zu klären, ist zwar nett, aber unrealistisch. Du kannst das als Erwachsener wünschen, dass deine Kinder, wenn sie 20 Jahre alt sind, ihre Probleme ausdrücken können, das kann ein lobenswertes pädagogisches Ziel für deine Arbeit sein. Aber wenn du das von fünf- oder sechsjährigen Kindern verlangst, ist das schlichtweg unmöglich.*

Und noch etwas Wichtiges: Alle Konflikte, die im Leben von Bedeutung sind, werden in einem aggressiven Ton hervorgebracht. Unseren Ärger, unseren Frust, unsere Wut müssen wir zunächst ausdrücken, um sie dann verwandeln zu können – wir brauchen die Emotionen genauso, wie wir das Glück und die Zufriedenheit brauchen, um die Realität zu verdauen< (Juul 2005, S. 129).

Eine gute Konfliktkultur schaffen

Wirksame Erziehung »lebt« demnach von der Konfliktkultur der Erwachsenen. Eine Konfliktkultur bedeutet, dass wir in der Lage sind, uns in eine nüchterne Distanz zum Gegenüber zu begeben und unsere Grenzen sowie Konsequenzen deutlich zu markieren (»Dies akzeptiere ich so nicht!«) und gleichzeitig die Beziehung aufrechterhalten können (»Du bist mein Kind!«). Dies bedeutet dreierlei:

- Konflikte sind kein Skandal, sondern das Salz in der Suppe jeder echten menschlichen Beziehung. Wir kooperieren, indem wir Gegensätze, unterschiedliche Meinungen und Interessen aushalten und austragen, und indem wir lernen, uns konstruktiv in Konfliktlagen zu behaupten.
- Konflikte löst man nicht, indem man emotional ausrastet und seine Ansicht hilflos in die Welt hinaus brüllt oder gar zu drakonischen Maßnahmen greift, sondern indem man lediglich deutlich sagt, was man erwartet und zu welchen Reaktionen man greifen wird, wenn das als störend empfundene Verhalten sich wiederholt.

- Konflikte löst man nicht, indem man z. B. auf eine Beleidigung ebenfalls mit einer Beleidigung reagiert und dadurch zur Eskalation der Kommunikation beiträgt, sondern indem man deutlich zwischen dem Verhalten einer Person unterscheidet und der Person selbst.

Es gilt: Wenn uns unsere Kinder beleidigen oder Schüler ihre Lehrer respektlos behandeln, stehen die Erziehungsverantwortlichen vor der schwierigen Aufgabe, erzieherisch angemessen zu reagieren, aber gleichzeitig nicht aus der Beziehung zu fallen. Dies ist das Problem, das viele Eltern, aber auch Lehrer und Lehrerinnen überfordert: Wir lieben unsere Kinder und sorgen uns um unsere Schüler, aber wir akzeptieren ihr Verhalten nicht. Beides – die Liebe einerseits und die Ablehnung andererseits – müssen wir stets auseinanderhalten – eine schwierige Balance, die hier von uns erwartet wird.

Der grundlegende Erziehungsratschlag ist in diesem Zusammenhang: Seien Sie klar und konsequent in Ihren Wenn-dann-Ankündigungen (»Wenn dieses Verhalten nochmals auftritt, dann werde ich ...«), aber niemals nachtragend. Erziehung wirkt durch Konsequenz, nicht durch Liebesentzug!

Kinder und Jugendliche benötigen für ihre Entwicklung beides: Beziehung und bedingungslose Liebe einerseits und den ernst zu nehmenden Widerpart andererseits. Dieser Widerpart kommt sachlich, freundlich, aber konsequent daher. In ihm spüren Heranwachsende die Erwachsenenwelt, die eine Welt der Konsequenzen ist. Immer wieder verwischen wir jedoch leider beide Bereiche, indem unsere Liebe und Fürsorge, aber auch unsere Harmoniebestrebung sich genau dann zu Wort meldet, wenn es darum ginge, konsequent zu bleiben.

Dadurch lernen unsere Kinder, dass alles nicht so ernst gemeint ist, und wir rauben ihnen wichtige Gelegenheiten, ihr eigenes Verhalten mit allen Konsequenzen zu erleben. Doch dieses Konsequenzerleben ist der Stoff, aus dem sich Selbstverantwortung formt. Nur indem ich als Kind oder Jugendlicher immer wieder erleben kann, welche Konsequenzen mein Verhalten hat, reift in mir auch die Einsicht und die Bereitschaft, andere Verhaltensweisen an den Tag zu legen.

Zahlreiche Erziehungsprobleme haben in dieser Vermischung von Liebe und Inkonsequenz ihre Ursachen. Nicht selten ist es bereits zu einer Umkehr der Verhältnisse gekommen (»Ich groß, du klein«). Dann ist guter Rat teuer. Bevor man einem solchen Verhalten aber endlich Einhalt gebietet, ist es erforderlich, die eigene Kraft als erwachsene Person deutlich zu spüren und sich selbst klar zu werden, welches Verhalten man in Zukunft auf gar keinen Fall mehr zu respektieren gedenkt.

Regel 11: Übe konsequente Erziehung!

In vielen Erziehungsratgebern wird darauf hingewiesen, dass Sanktionen, die nicht konsequent durchgeführt werden, zwei gravierende Nachteile mit sich bringen: Zum einen bleiben sie mittel- und längerfristig wirkungslos, und zum anderen »lernen« die Kinder und Jugendlichen ziemlich rasch, dass auf die Ankündigungen der Erziehungsverantwortlichen kein Verlass ist. Inkonsequente Erziehung schwächt das, worum es geht: Berechenbarkeit und Klarheit der Erwachsenenwelt gegenüber dem Suchen der Nachwachsenden.

Regeln ohne Konsequenzen sind wie Schwimmen ohne Wasser! Allerdings gilt auch: Konsequenzen ohne Regel dienen nur der eigenen emotionalen Entlastung, nicht aber der Einsicht des Kindes oder des Jugendlichen!

Aus diesem Grunde kommt dem Konsequenztraining von Eltern, Lehrkräften oder Erzieherinnen und Erziehern eine grundlegende Bedeutung zu. Erziehungskonsequenz muss geübt und gelernt werden. Vor jeder erzieherischen Reaktion gilt es deshalb, sich über die Bedeutung dessen, was man zu tun gedenkt, im Klaren zu sein. Worum es dabei geht, zeigen die »Zehn Gebote einer konsequenten Erziehung«:

Die zehn Gebote einer konsequenten Erziehung

Erstes Gebot:
Erziehung ist keine Nebentätigkeit, sie erfordert Ihre ganze Aufmerksamkeit und Zuwendung. Überlegen Sie stets, ob Sie auch gewillt und in der Lage sind, die angekündigte Konsequenz wirklich durchzusetzen!

Zweites Gebot:
Nutzen Sie eine günstige Gelegenheit (z. B. angesichts eines Vorfalls), um Ihrem Kind oder Ihren Schülerinnen und Schülern die Spielregeln zu erklären. Bilden Sie Wenn-dann-Sätze!

Drittes Gebot:
Sie können Ihre Erziehungsgrundsätze zwar auch diskutieren, abwandeln und »vereinbaren« oder z. B. »Regeln des Miteinanders« in Ihrer Klasse gemeinsam formulieren. Tun Sie dies jedoch nicht in einer konkreten Konfliktlage.

Viertes Gebot:
Schreiben Sie die Erziehungsregeln oder die »Regeln des Miteinanders« auf und sorgen Sie dafür, dass Ihre Kinder diese auch zur Kenntnis nehmen können. Die Transparenz der gültigen Regeln ist die wichtigste Voraussetzung für ihre Wirksamkeit.

Fünftes Gebot:
Achten Sie bei Ihren Regeln stets darauf, dass ihre Anwendung als Konsequenz für das eigene Verhalten und nicht als Kränkung oder Demütigung empfunden werden kann.

Sechstes Gebot:
Achten Sie stets darauf, dass es keine Ausnahmen von der Regel gibt und diese – ohne Ansehen der Person – Geltung erlangen.

Siebtes Gebot:
Die erzieherische Konsequenz ist eine Maßnahme, die der Erziehungsverantwortliche auslöst. Achten Sie bei der Formulierung der Erziehungsregeln einer konsequenten Erziehung deshalb darauf, dass Sie die angekündigten Konsequenzen auch wirklich ausüben können.

Achtes Gebot:
Achten Sie, wenn eine Erziehungskonsequenz zur Anwendung gelangt, auf Ihre persönliche Beziehung zu demjenigen, den die Konsequenz betrifft.

Neuntes Gebot:
Seien Sie nicht nachtragend. Die eingetretene Konsequenz ist auch eine Chance für das Kind oder den Jugendlichen, Schaden wiedergutzumachen.

Zehntes Gebot:
Erinnern Sie sich stets an Ihre eigenen Streiche, Streitereien und Uneinsichtigkeiten und erkennen Sie sich selbst in dem Kind oder Jugendlichen.

Konsequenz ist nicht gleich Prinzipienreiterei. Die Regeln müssen auf jeden Fall *vor* dem Auftreten des Problems mit den Kindern oder Jugendlichen besprochen worden sein, denn Kinder müssen wissen, was sie erwartet. Auch in der Erziehung gilt das Rückwirkungsverbot: Es darf keine Strafe verhängt werden, die nicht bereits zum Zeitpunkt der Verfehlung zu den geltenden Regeln gehörte. Deshalb dürfen Regeln auch nicht spontan und vielleicht gar als Ausdruck einer großen Verärgerung »verkündet« werden. Kinder lernen nicht von einer Verärgerung, sondern von nüchternen Wenn-dann-Erfahrungen. Wichtig ist für sie ebenso die Erfahrung, dass man Schaden, den man angerichtet hat, wiedergutmachen kann.

Ein zwölfjähriges Mädchen verließ abends durch das Fenster ihres Kinderzimmers die elterliche Wohnung, um sich mit ihren Freundinnen zu treffen. Als ihre Eltern nochmals nach ihr sahen und das Bett leer vorfanden, waren sie in heller Aufregung. Nach längerem, erfolglosem Suchen alarmierten sie schließlich die Polizei, die mit mehreren Beamten die nähere Umgebung des Elternhauses absuchte und auch die Eltern der Freundinnen befragte. Nach langem Suchen schließlich entdeckte man drei Mädchen in der nahe liegenden Fabrikruine, in der sie sich ein kleines Feuer gemacht hatten und gegenseitig Gruselgeschichten erzählten. Die Eltern waren einerseits sehr erleichtert, ihre Tochter wieder in die Arme schließen zu können, andererseits wussten sie, dass es jetzt auch darum ging, »konsequent zu sein«. Ihre Tochter hatte gegen die Regel verstoßen, nach Einbruch der Dunkelheit nicht mehr ohne ihre Eltern unterwegs zu sein. Die Eltern hatten mit ihr darüber anlässlich eines Falles aus Norddeutschland gesprochen, denn dort war ein Mädchen plötzlich verschwunden und später in Belgien tot aufgefunden worden. Sie hatten ihr auch gesagt, womit sie bei einem Regelverstoß zu rechnen habe. Der Vater hatte erklärt: »Es gibt Grenzen, die du nicht überschreiten darfst, ohne dafür empfindliche Konsequenzen tragen zu müssen. Dies gilt vor allem für

Situationen, in denen du nicht tust, was wir im Interesse deiner Sicherheit von dir erwarten. Wir machen uns große Sorgen, wenn du nicht rechtzeitig nach Hause kommst oder abends noch auf der Straße bist, obgleich es bereits dunkel ist. Wenn ein solcher Fall nochmals eintritt, wirst du von uns eine Woche Hausarrest bekommen! Denke daran, bevor du diese Regel überschreitest!«

Sicherlich kann man im Einzelfall geteilter Meinung darüber sein, ob die angekündigte Sanktion vielleicht zu drastisch ist, entscheidend ist jedoch, dass das Kind oder der Jugendliche zuvor darüber informiert worden ist, welches Verhalten welche Konsequenzen mit sich bringen wird.

Erziehungswirksame Konsequenzen dürfen Kinder und Jugendliche nicht unvorbereitet treffen. Ein Kind lernt nicht durch Nachteile, denen es sich ausgesetzt fühlt, sondern durch die Erfahrung, dass auf die Eltern und ihre Regeln Verlass ist. Aus diesem Grunde gilt auch das Gegenteil: Vermeiden Sie Konsequenzen, die vorher nicht angekündigt wurden! Konsequenzen ohne Regel wirken willkürlich und können lediglich befolgt, aber nicht verstanden werden.

Regel 12: Übe dich in »erzieherischer Präsenz« – dem Garant erzieherischer Wirksamkeit!

Eltern und Erziehungsverantwortliche können nur ihr eigenes Verhalten, nicht das ihrer Kinder bestimmen. Bei allen Verhaltensproblemen, mit denen sie sich konfrontiert sehen, geht es deshalb letztlich einzig und allein um die Frage: Wie kann ich mich dazu so verhalten, dass meinem Gegenüber nachdrücklich deutlich wird, worum es mir geht? Ob und inwieweit das Kind oder der Jugendliche durch die Reaktionen seiner Eltern oder Lehrer angesprochen wird oder gar zur Einsicht gelangt, können diese nicht beeinflussen.

Das Einzige, was Erziehungsverantwortliche tun können, ist sich zu fragen, ob ihre Botschaften die wenigen »Wirksamkeitskanäle« einer Erziehung öffnen oder verschütten.

Was sind die »Wirksamkeitskanäle«, die Erwachsene gegenüber ihren Kindern und Jugendlichen nutzen können? Auch diese Frage lässt sich nicht im Stile eines einfachen »Man nehme …!« beantworten. Erziehung wirkt indirekt, kaum einmal direkt. Es ist das Kind selbst, das in sich die Bereitschaft entwickelt, sich so oder anders zu verhalten. Und dabei hilft ihm, ob ihm das nun selbst bewusst ist oder nicht, die dauerhafte Präsenz dessen, was bedingungslos gegeben ist: die elterliche Liebe im Falle der eigenen Kinder oder – in der Schule – die professionelle Achtsamkeit und Zuwendung der Lehrerinnen und Lehrer. Der israelische Erziehungswissenschaftler Haim Omer und sein deutscher Kollege Arist von Schlippe sprechen in diesem Sinne von »elterlicher Präsenz«. In ihr sehen sie den Schlüssel zur Wirksamkeit der Erziehung:

»Elterliche Präsenz ist kein normatives Konzept. Wenn jedoch Nachgeben die Regel wird, wird das Kind der elterlichen Präsenz beraubt. Und was schlimmer ist, es gibt eine Ebene, auf der das Kind empfindet, es habe die Präsenz der Eltern ausgelöscht. (…) Präsent zu sein bedeutet, jemand zu sein, jemand mit seinen eigenen Gedanken, Gefühlen und Wünschen. Um aufzuwachsen, braucht das Kind so Jemand. Nur eine Figur, die persönlich präsent ist, kann das Kind sich sicher und nicht allein fühlen lassen« (Omer u. von Schlippe 2006, 30).

Erzieherische Präsenz durch Achtsamkeit

Erzieherische Präsenz ist nicht mit der physischen Anwesenheit von Eltern, Erziehern oder Lehrkräften gleichzusetzen. Diese können anwesend und gleichzeitig nicht präsent sein. Und es gibt auch den umgekehrten Fall: Selbst in Familien, in denen einer der Elternteile nicht mehr mit der Familie zusammenlebt, kann er doch für seine Kinder erzieherisch präsent sein. Die Frage ist deshalb: Worin findet erzieherische Präsenz ihren Ausdruck? Das Moment der Achtsamkeit ist hierbei grundlegend: Achtsamkeit beschreibt eine Haltung, in der ich meinem Kind zwar liebevoll, zugewandt und interessiert begegne, ihm jedoch gleichzeitig vorlebe, was verantwortliches Leben bedeutet. Dabei gängele und tyrannisiere ich mein Kind nicht, aber ich bin auch nicht von einer grenzenlosen Nachgiebigkeit. Erzieherische Präsenz ist ohne Achtsamkeit nicht denkbar. Eltern und Erziehungsverantwortliche sind gut beraten, sich zunächst selbst zu prüfen, ob und inwieweit sie achtsam mit den ihnen anvertrauten Kindern und Jugendlichen umzugehen vermögen. Dabei hilft ihnen folgende Checkliste.

Aspekte erzieherischer Präsenz	Ich kann ...	nie	selten	öfters
Ansprechpartner	... von meinen Kindern jederzeit angesprochen werden, wenn sie Sorgen oder Probleme haben			
Coach	... meinen Kindern zuhören und sie bei einer Lösungsfindung begleiten, ohne vorschnell mit eigenen Lösungsvorschlägen aufzuwarten			
Herzensbindung	... meine Kinder – egal, was sie tun und was aus ihnen wird – lieben und ihnen das Gefühl geben, dass sie zu mir gehören			
Toleranz	... es aushalten, dass meine Kinder bisweilen schwierig sind und Unsinn anstellen, ich markiere dann die Grenzen klar und deutlich und bin grundsätzlich nicht nachtragend			
Sorgenkasten	... spüren, wenn meine Kinder etwas bedrückt, und sie teilen sich mir auch immer wieder von alleine mit			
Anwalt	... für meine Kinder einstehen – auch und gerade, wenn sie Fehler gemacht oder andere in Schwierigkeiten gebracht haben			

Mediator	... mir unterschiedliche Standpunkte anhören und Konflikte so schlichten, dass die Beteiligten sich dann einigen			
Konsequenz	... mich an Absprachen halten und nicht mit mir handeln lassen, wenn eine Konsequenz ansteht			
Ermutigung	... meine Kinder immer wieder ermutigen, eigene Schritte zur Problemlösung zu versuchen und die erzielten Erfolge ausdrücklich loben			
Interesse	... mich immer wieder neu für jedes einzelne Kind interessieren und mit ihm Gespräche führen, in denen es seine Interessen und Sorgen ausführlich darlegen kann			
Treue	... zu meinen Kindern halten, d. h. es ist keine Verhaltensweise meines Kindes denkbar, die mich dauerhaft von ihm abwenden lässt			

Wenn Sie diese Checkliste sorgfältig und aufrichtig beantwortet haben, können Sie die »Nie-« oder »Selten«-Angaben dafür benutzen, nach Möglichkeiten zu suchen, in diesen Aspekten erzieherischer Präsenz zukünftig besser zu werden. Sicher ermutigt Sie dabei die Aussage der erziehungswissenschaftlichen Forschung, dass die Fähigkeit zur erzieherischen Präsenz der eigentliche Garant für die Wirksamkeit jeglicher Erziehung ist.

Wenn Kinder und Jugendliche die Erfahrung machen, dass auf »ihre Eltern Verlass ist«, entwickelt sich in ihnen das Vertrauen, auf das sie auch in schwierigen Lagen, bei Fehlverhalten oder schulischem Versagen zurückgreifen können.

Häufig entstehen Erziehungsprobleme gerade auch deshalb, weil die erzieherische Präsenz von den Eltern nicht (mehr) gelebt und von den Kindern dadurch auch nicht mehr erlebt wird. Dann suchen Kinder oder Jugendliche ihre Resonanz in anderen Bereichen, loten ihre Grenzen aus und fordern die Erwachsenen heraus. Viele Erziehungsprobleme sind deshalb angemessener als Resonanzsuche zu verstehen und nicht einfach als abweichendes Verhalten zu interpretieren und mit dem elterlichen oder schulischen Strafregister zu verfolgen. Erzieherische Präsenz zu üben und wieder in den Familien lebbar und erlebbar werden zu lassen, ist daher eine wichtige Prophylaxe gegenüber dem Entstehen erzieherischer Ausweglosigkeiten.

> Die eigene Erziehungsverantwortung zeigt sich nicht erst in problematischen Situationen. Sie beginnt in dem Moment, in denen Ihnen ein Kind oder Schüler anvertraut wird. Bereits dann müssen Sie sich fragen, wie es um Ihre Fähigkeiten zur erzieherischen Präsenz bestellt ist. Und gegebenenfalls müssen Sie sich darum bemühen, präsenter zu werden!

Das Thema »erzieherische Präsenz« zeigt, dass Eltern und Lehrkräfte, die Erziehungsprobleme haben, nicht mit einigen schnell hingeworfenen Tipps und Tricks oder einigen markigen Sprüchen, wie »Lob der Disziplin« (Bueb 2007) oder »Tyrannen in Turnschuhen« (Weikert 1994) geholfen ist. Erziehungsratgeber, die mit dem Versprechen werben, »Überlebensstrategien für geplagte Eltern« (Weikert 1994) zu liefern, sind nicht nur unseriös, sie sind vielmehr auch schädlich. Diese Sichtweisen gehen noch von der Grundbotschaft einer Zeigefingerpädagogik nach dem Motto: »Du bist nicht o. k.« aus. Solche Botschaften sind eingängig und schmeichelnd – aber leider auch wirkungslos! Ihre Popularität basiert darauf, dass die gestressten Eltern und Lehrkräfte nicht selbst in die Pflicht genommen werden.

Erst wenn Sie Ihre Probleme dahin gehend untersuchen, ob sie nicht vielleicht dadurch verstärkt oder gar mit verursacht werden, dass Sie schon vor langer Zeit aus der erzieherischen Präsenz gekippt sind, können Sie das Ruder herumreißen und damit beginnen, Ihre Präsenz wieder zu kultivieren.

Regel 13: Blicke durchs Erziehungsmakroskop und finde heraus, was dein Kind von seinen Hausaufgaben abhält!

Eine große Alltagsbelastung für Lehrerinnen und Lehrer sind die Schülerinnen und Schüler, die immer wieder ihre Hausaufgaben nicht erledigen. Nahezu alle Lehrkräfte kennen die Wirkungslosigkeit von Ermahnungen, Strafarbeiten und schlechten Noten, die meist auch nur den Prozess der Ausgrenzung und des schulischen Scheiterns beschleunigen. Eltern zeigen sich oft machtlos angesichts der »blauen Briefe«, Vorladungen und Lehrergespräche, denn auch ihr häusliches Donnerwetter, das sie in Folge auf ihre Kinder herabprasseln lassen, bewirkt häufig nicht die erhoffte Änderung. Die Kinder versprechen, sich in Zukunft zu ändern, doch schon bald folgen die nächsten Beschwerden.

> Der Lehrer einer achten Realschulklasse ist ratlos. Klaus, ein eigentlich »gut aufgestellter« Schüler – wie Kollegen ihn charakterisieren – fällt dadurch auf, dass er immer wieder seine Hausaufgaben nicht gemacht hat. Mit seinem ganzen Charme erläutert er stets, dass er dazu einfach keine Zeit gefunden habe. Schließlich schreibt der Lehrer einen Brief an die Eltern mit folgender Aufforderung: »Bitte tragen Sie dafür Sorge, dass Ihr Sohn Klaus sein nachlässiges Verhalten, das er im Unterricht im Hinblick auf seine Hausaufgaben an den Tag legt, zukünftig einstellt!« Nach einigen Tagen erhält der Lehrer ein Schreiben der Eltern, das ihn nachdenklich stimmt. Darin heißt es: »Bitte tragen Sie dafür Sorge, dass Ihr Schüler Klaus sein nachlässiges Verhalten, welches er zu Hause im Hinblick auf seine häuslichen Pflichten an den Tag legt, zukünftig einstellt!«

Der Briefwechsel zeigt nur zu deutlich: Erziehungsmaßnahmen sind nicht selten lamentierender Art. Ein Missstand wird beklagt, und man wendet sich an eine Instanz – die Eltern, den Rektor oder auch den besten Freund, von dem man glaubt, er könne dem auffälligen Kind oder Jugendlichen »ins Gewissen reden«. Alles recht hilflose Aktionen, was eigentlich alle Beteiligten spätestens beim dritten oder vierten Male verstehen. Was ist zu tun?

Wechsle das Erziehungsmikroskop gegen ein Erziehungsmakroskop!

Ein Mikroskop dient dazu, die Dinge in ihnen Einzelteilen möglichst genau zu sehen. In erzieherischen Kontexten ist man meist auch der Auffassung, man könne ein Problem durch eine möglichst detaillierte Analyse mit Blick auf die einzelnen Bestandteile lösen. Bisweilen schickt man verhaltensauffällige Kinder deshalb zu psychologischen oder auch medizinischen Verhaltensabklärungen, an deren Ende dann ein therapeutischer Maßnahmecocktail, nicht selten auch ein Medikamentencocktail steht. Das Kind wird dadurch zu einem Fall, und nicht selten verfällt seine Umwelt in eine »Problemtrance«, d. h. einen Zustand, in dem das Kind nur noch durch die Brille der Verhaltensabweichung gesehen wird. Leicht potenzieren sich Probleme dadurch und an die Stelle der Schulkarriere tritt die Maßnahmekarriere.

Der Blick durch das Erziehungsmakroskop ist ein anderer: Er fokussiert nicht auf das Detail (hier: Das Versäumnis der Hausaufgaben), sondern rückt das Verhalten in einen größeren Zusammenhang. Dieser gröbere Fokus des Makroskops wirft einen Blick auf das Kind in all seinen Kontexten und erhebt dadurch sein Gesamtverhalten zum Thema. So ist es nämlich ein Unterschied, ob ein versetzungsgefährdeter Schüler seine Hausaufgaben nicht macht oder ein Schüler, der mit seinen schulischen Leistungen eigentlich ganz gut dasteht. Wichtig sind allein diese Fragen:

> Was drückt sich darin aus, dass »mein Kind« oder mein Schüler seine Hausaufgaben nicht macht? Welche Bedeutung hat die Hausaufgabenerfüllung tatsächlich für seinen Lernerfolg? Welche Bedeutung hat sie für mich?

Der Blick durch das Erziehungsmakroskop kann uns zu weiteren Fragen führen, auf die wir niemals kommen würden, wenn wir mikroskopisch auf das Problem der Hausaufgabenverweigerung blicken.

Die makroskopischen Fragen

Fokus	Makroskopische Fragen	Mögliche weitere Fragen
Leistung	Wie ist die Leistungsfähigkeit und Leistungsbereitschaft in anderen Bereichen, in denen das Kind oder der Jugendliche gefordert wird?	(1) Was wissen Sie über die Leistungen in anderen Bereichen? (2) In welchen Themen und Gebieten entwickelt das Kind oder der Jugendliche starke Energien?
Zuverlässigkeit	Wo zeigt das Kind oder der Jugendliche Zuverlässigkeit, wo Unzuverlässigkeit?	(3) In welchen Fragen kann man sich 100%ig auf das Kind oder den Jugendlichen verlassen? (4) Wertschätzen Sie diese Zuverlässigkeit ausdrücklich oder wird alles durch die Fälle der Unzuverlässigkeit überdeckt?
Ablenkung	Welchen Ablenkungen (z. B. Hobbys, PC, häusliches Umfeld) ist das Kind oder der Jugendliche ausgesetzt?	(5) Was wissen Sie tatsächlich über den Alltag des Kindes oder Jugendlichen? (6) Unterstützen Sie es in der Frage, wie man die »Dinge unter einen Hut bringt«?

Verstehen	Liegt eine Überforderung oder eine Unterforderung vor? Kommt das Kind oder der Jugendliche mit der Aufgabe nicht zurecht?	(7) Fehlen dem Kind oder Jugendlichen Kenntnisse, Fähigkeiten oder Fertigkeiten, um die Aufgaben zu erledigen? (8) Haben Sie ausreichend Gelegenheiten geschaffen, um selbstständiges Bearbeiten zu üben?
Sinn	Welchen Sinn hat die gestellte Hausaufgabe? Ist die Hausaufgabe für das Kind oder den Jugendlichen sinnlos?	(9) Welchen Sinn hat die Hausaufgabe für das Üben und Lernen des Kindes und Jugendlichen tatsächlich? (10) Was können Sie tun, um die Hausaufgabe zu einem auch für das Kind oder den Jugendlichen sinnvollen Tun werden zu lassen?

Indem Eltern und Lehrkräfte den Blick durch das Erziehungsmakroskop üben, erweitern sie ihre Möglichkeiten, mit dem Problem der Hausaufgaben anders als bisher umzugehen. Gleichzeitig vermeiden sie, ihr Kind oder den Jugendlichen in überstarkem Maße durch die Brille seines abweichenden Verhaltens (»Ich mache die Hausaufgaben nicht!«) zu betrachten. Dabei geht es natürlich nicht darum, die Hausaufgabenerledigung nicht mehr wichtig zu nehmen. Es geht vielmehr darum, nach den Möglichkeiten zu suchen, die es wahrscheinlicher werden lassen, dass dies wieder normal geschehen kann. Aus diesem Grunde fragen makroskopisch blickende Eltern und Lehrer danach, welche Rolle Leistung, Zuverlässigkeit, Ablenkung, Verstehen und Sinn in der Lebenswelt »ihrer« Kinder spielen.

Wer in diesem Sinne zurücktritt und ganzheitlich auf die Situation blickt, kann erkennen, dass es Bereiche im kindlichen Leben gibt, in denen man sich sehr wohl auf sein Kind verlassen kann. Es ist in der Lage sich einzusetzen und etwas zu leisten. Allein schon die Fokussierung durch das Makroskop kann den frustrierten Lehrer oder den erzürnten Vater aus der *Problemtrance* befreien.

> Wenn Ihr Kind seine Hausaufgaben nicht macht, betrachten Sie es durch das Erziehungsmakroskop. Nutzen Sie die Potenziale, die Sie dabei erkennen und knüpfen Sie daran an. So können Sie dem Kind z. B. eine Aufgabe stellen, in der es ein vertrautes Thema bearbeitet.

Da Lehrkräfte und Erziehungsverantwortliche nur sich selbst bzw. das eigene Vorgehen gestalten können und nicht das des Kindes oder Jugendlichen, sollte man sich als Lehrkraft bei der Frage der Hausaufgaben genau fragen, wozu diese wirklich geeignet sind.

> Beschränken Sie sich bei Hausaufgaben auf die Übung und Vertiefung dessen, was im Unterricht tatsächlich behandelt, erklärt und geübt wurde. Stellen Sie keine Hausaufgaben, bei denen Sie unsicher sind, ob sie tatsächlich von allen Schülerinnen und Schülern auch eigenständig bearbeitet werden können.

Regel 14: Reguliere den Fernseh- und PC-Konsum deines Kindes!

Immer schon wurden Neuerungen mit Skepsis und Argwohn beobachtet. Seien es die Bedenken und Warnungen vor dem Lesen von Romanen Ende des 19. Jahrhunderts – Hintergrund war die Angst, Frauen können durch zu viel Lektüre ihre »eigentlichen Pflichten« vergessen – oder aber die Furcht vor der Geschwindigkeit bei der Erfindung des Automobils, die zunächst als gesundheitsschädigend angesehen wurde. Ähnliche Ängste und Befürchtungen begleiteten auch die Entwicklung von Rundfunk, Fernsehen oder Internet. Viele Eltern verstehen heute nicht mehr, was ihre Kinder eigentlich tun, wenn sie viele Stunden vor ihrem PC sitzen und kaum noch am Familienleben teilnehmen oder ihre Zeit mit Freunden verbringen.

Ein technisch versierter Vater berichtete mir von der Abmachung mit seinem 12-jährigen Sohn, täglich nicht mehr als zwei Stunden an seinem PC zu verbringen. Da der Sohn die Zeit im Internet regelmäßig vergessen habe, hätte er ihm eine Zeitschaltuhr programmiert, durch die nach zwei Stunden der PC automatisch heruntergefahren werde. Eine technische Lösung des Dauerthemas, das viele Eltern-Kind-Beziehungen in unserer Gesellschaft nachdrücklich bestimmt. Mit der Zeit jedoch wunderte sich der Vater, wieso die zwei Computerstunden ihm so lang vorkamen. Daraufhin untersuchte er den PC und musste feststellen, dass sein Sohn ganz offensichtlich auch sehr technisch versiert mit der Zeitschaltuhr umzugehen wusste. Er hatte herausgefunden, wie sich diese verlangsamen sowie um- und ausschalten ließ.

Wir merken: Den Umgang mit PC & Co. können wir nicht verhindern. Es kommt vielmehr darauf an, durch Gespräche und Austausch mit den Kindern und Jugendlichen an ihrer Welt, die uns vielleicht fremd oder gar unzugänglich ist, Anteil zu nehmen. Wer Kinder hat oder für Kinder Verantwortung trägt, kann sich nicht in seiner eigenen Welt einschließen, sondern muss sich der Welt des Kindes öffnen und sich vielleicht sogar erst einmal in diese Welt einführen lassen.

> Begleiten Sie Ihre Kinder beim Ausflug in den Cyberspace. Lassen Sie sich von ihnen erklären, wie diese Welt funktioniert und was sie daran am meisten interessiert. Dies gilt auch beim Fernsehen: Schauen Sie nicht nur, was Sie selbst gerne sehen, sondern schauen Sie mit Ihren Kindern deren Sendungen.

Dieser Weg ist vielen Eltern bereits verschlossen. Ihre Kinder wissen schon, was ihre Eltern von ihrem Fernsehmarathon, ihrer »Surferei« oder den Videonächten (Motto: »Pizza, Bier und fünf Videos«) halten, und sie misstrauen dem plötzlich erwachten Interesse ihrer Eltern an ihren Vorlieben. Bei dem Versuch, seine Kinder zu begleiten, geht es zunächst darum, in ihre Welt eingeladen zu werden. Mögliche Türöffner könnten sein:

- Setzen Sie sich dazu, wenn Ihre Kinder einen Film schauen und beobachten Sie ganz nüchtern, was sie fasziniert, interessiert oder amüsiert.
- Fragen Sie nur ganz behutsam nach und lassen Sie sich z. B. die Akteure einer Serie, die Sie normalerweise nicht schauen, erklären.
- Kommunizieren Sie mit Ihren Kindern auch in ihren Medien (z. B. Facebook) und lassen Sie sich beim Umgang mit dem PC helfen.

Sicherlich: Manche Eltern reagieren auf solche Vorschläge vielleicht skeptisch oder gar entrüstet: »Wie, jetzt soll ich dem Ganzen Tür und Tor öffnen?« Diesen Eltern sei gesagt: Nein, das ist nicht der Fall! Sicherlich ist es nötig, Regeln aufzustellen (z. B. »Es werden keine Gewaltvideos geschaut!«) und Nutzungszeiten zu vereinbaren. Aber diese Regeln werden nur greifen können, wenn die Kinder oder Jugendlichen spüren, dass ihre Interessen nicht nur unter der Verbots- oder Reglementierungsbrille gesehen werden. Auch junge Menschen möchten in dem, was sie tun – und sei dies in unseren Augen noch so »schräg« und problematisch – verständnisvoll behandelt werden. Dieses Verständnis kann nur reifen, wenn wir uns auf die Welt unserer Kinder auch unvoreingenommen einlassen. Unsere Vorbehalte und Voreingenommenheiten entspringen vor allem dem, was wir gewohnt sind und für richtig halten. Doch wie können wir wirklich etwas beurteilen, was wir gar nicht kennen?

> Vermeiden Sie bei diesen Ausflügen in die Medienwelt der Kinder alle Bewertungen und Kommentare, denn Sie können dadurch die Gefühle Ihrer Kinder verletzen. Respektieren Sie, dass sie Sie einladen und nutzen Sie die Gelegenheit, um zu beobachten, wie Ihre Kinder mit den Sendungen, Programmen oder Computerspielen umgehen.

Es gibt auch Stimmen, die uns sagen, dass die Medien nicht nur verhängnisvoll auf unsere Kinder und Jugendlichen wirken. Viel beachtet war in diesem Zusammenhang das Buch *Wie moderne Medien uns klüger machen* (Pfeiffer 2007). David Pfeiffer erklärt, dass die Neuen Medien auch unseren Geist und den unserer Kinder zu schulen und ihren Horizont zu erweitern vermögen. Mit deutlichen Worten bringt er die erziehungswissenschaftliche Forschung auf den Punkt:

> *»Fernsehen oder Videospielen macht Kinder nicht dumm. Aber Eltern, die ihre Kinder geistig verwahrlosen lassen, haben wahrscheinlich auch keine Skrupel, sie den ganzen Tag vor der Glotze hängen zu lassen. Und sie wundern sich auch nicht, wenn ihre Kinder stundenlang Ballerspiele spielen. Die Sprachlosigkeit und das Desinteresse in solchen Familien sind das Problem – nicht der Computer. Er ist das Symptom der Verwahrlosung, nicht die Ursache« (Pfeiffer 2007, S. 163).*

Aus diesem Grunde nutzen auch Verbote wenig, wie sie insbesondere Politiker immer wieder schnell zur Hand haben. Sicherlich kann man und sollte man sogenannte Killerspiele auf dem deutschen Markt grundsätzlich verbieten, um den Kindern keine fragwürdigen Gewaltvorlagen zu liefern. Doch ist es ein

Irrglaube anzunehmen, man habe dadurch wirksam etwas gegen die soziale Verwahrlosung unternommen.

> Erst wenn Sie mit der Medienwelt Ihrer Kinder vertrauter sind, können Sie auch Grenzen markieren und mit ihnen z. B. darüber reden, warum Sie nicht wollen, dass sie Gewalt- oder Sexvideos ansehen.

Regeln für den Umgang mit der Medienwelt der Kinder

Um solche Grenzen durchzusetzen, ist es wenig sinnvoll, lediglich die verbotenen Räume zu markieren, da Kinder und Jugendliche nicht nur zu Hause, sondern auch bei Freunden, über ihre Handys oder in der Schule in der Medienwelt leben und mit ihren »Verlockungen« konfrontiert sind. Deshalb kann es hilfreich sein, die folgenden sechs Regeln zu beherzigen:

1. Fragen Sie sich, ob Sie noch genug mit Ihren Kindern oder Ihren Schülerinnen und Schülern über ihre Fragen, Vorstellungen, Sorgen und Themen reden! Erweitern Sie die Räume des Zusammenseins und machen Sie sich die Räume, in denen sich Ihre Kinder bewegen, nicht zu verbotenen Räumen!

2. Begleiten Sie Ihre Kinder in ihre Räume, ohne diese sogleich mit Ihrer bekannten Skepsis, Ihren Kommentaren oder Vorwürfen zu vergiften! Nutzen Sie das Glück, dass Ihre Kinder Sie einladen, um sie zu begleiten und zu beobachten!

3. Markieren Sie erst im dritten Schritt die Grenzen und »verbotenen Zonen«, die Sie definieren wollen. Erkläre Sie, warum Sie bestimmte Angebote verbieten (z. B. Killerspiele). Fragen Sie sich vorher, ob Sie diese Verbote kontrollieren können und wollen. Vertraue Sie Ihren Kindern und achten Sie darauf, dass sie Sie aus ihrer Medienwelt nicht ganz verbannen.

4. Lassen Sie sich auf Gespräche über die Fragen, Unklarheiten und Widersprüche ein, die Ihre Kinder im Zusammenhang mit allem, was ihnen in den Medien begegnet, bewegen. Nehmen Sie diese ernst, auch wenn Sie selbst keinen Zugang zu diesen Angeboten haben!

5. Fördern Sie die Kompetenz, die Ihre Kinder im Zusammenhang mit der Mediennutzung entwickeln! Lassen Sie sich von ihnen bei Ihrer eigenen Mediennutzung begleiten. Sie sollen erleben, wie Sie aus den Angeboten auswählen, über Ihre Zeit verfügen und auch Angebote bewusst nicht nutzen.

6. Lassen Sie Ihre Kinder im täglichen Zusammenleben spüren, dass auch außerhalb der Medienwelt »etwas los ist« und man Dinge gemeinsam machen, besprechen und genießen kann.

Regel 15: Lass dich nicht zu Käufen zwingen, um peinliche Situationen zu vermeiden!

Viele Eltern kennen das Supermarktproblem. Angesichts der Fülle des Angebotes an Süßigkeiten oder anderer Wunschartikel drehen manche Kinder regelrecht durch: »Papa!? Das will ich haben!« Bei Verweigerung (»Du sollst doch nicht so viele Süßigkeiten essen!«) kann es geschehen, dass das Kind anfängt, zu quengeln oder sogar einen Wutausbruch bekommt. Viele Eltern geben »um des lieben Friedens willen« nach und kaufen, was das Kind begehrt. Gabriele Kreter schlägt in ihrem Erziehungsratgeber *Jetzt reicht's: Schüler brauchen Erziehung!* eine andere Lösung vor. Sie empfiehlt Eltern für diese Situation folgendes Vorgehen:

> *»1. Sie schreiben zu Hause einen Einkaufszettel. Dabei beteiligen Sie Ihr Kind. Es muss im Kühlschrank nachgucken, ob noch Milch und Eier da sind und im Vorratsschrank die Cornflakes-Packung überprüfen.*
>
> *2. Zeigen Sie Ihrem Kind Ihr Portemonnaie. ›So viel Geld haben wir. Dafür können wir nur das kaufen, was auf dem Zettel steht. Mehr Geld habe ich nicht und mehr brauchen wir heute nicht.‹*
>
> *3. Bevor Sie den Supermarkt betreten, erinnern Sie Ihr Kind an Ihre Abmachung. ›Du hilfst mir jetzt, dass wir nur die Dinge kaufen, die auf dem Zettel stehen. Wenn du schreist, werde ich mich nicht um dich kümmern!‹«* (Kreter 2001, S. 99)

Bereits nach wenigen Versuchen, berichtet Kreter, haben viele Kinder gelernt, anders mit der verlockenden Supermarktsituation umzugehen. Was geschieht bei dieser offensichtlichen Erziehungsreaktion:

> *Die Situation wird umgedeutet: Aus der »Fülle der Möglichkeiten« wird eine Entscheidungssituation. Das Kind kann lernen, mit den vorhandenen Mitteln das Notwendige zu kaufen.*

Dieser Mechanismus verweist auf eine Technik, die auch im Umgang mit anderen erzieherischen Problemen helfen kann. Indem die Situation umgedeutet bzw. in einen anderen Rahmen gestellt wird (man spricht auch von »Reframing«), ergeben sich

verschiedene Möglichkeiten des Verhaltens: Aus der Einkaufs-
situation wird eine Entscheidungssituation, aus der Begleitung
eine Beteiligung, aus dem Streit eine temperamentvolle Reaktion
oder aus der »Schwierigkeit« eine Überforderung – um nur einige Beispiele zu erwähnen.

Reframing will geübt sein

Es gibt ein Bündel von Fragen, die Eltern, Lehrkräften oder Erziehern und Erzieherinnen helfen können, vertraute erzieherische Probleme zu reframen (also umzudeuten).

Fragen, die zum Reframing führen

- Wie fühlt sich die Situation für das Gegenüber (Kind, Jugend-
  licher, Klasse) an?
- Welche Rolle weise ich dem Gegenüber durch die Art und
  Weise zu, wie ich die Situation (hier: Einkauf im Supermarkt)
  organisiere?
- Wie wird diese Situation aus der Sicht des Gegenübers benannt?
- Wie könnte man sie umbenennen?
- Wie würden sich dadurch die Rolle und die Verhaltensmöglich-
  keiten des Gegenübers ändern?

Ein Vater erzählte in einer Elternrunde von seinen Erfahrungen
mit dem Reframing der Supermarktsituation: Sein 8-jähriger
Sohn lernte mit der Zeit, von selbst den Kühlschrank zu überprüfen und eine Bestandsaufnahme durchzuführen. Er führte regelmäßig sogenannte Interviews mit seinem Vater durch mit der
Frage, was sie in der Woche kochen wollten, um festzustellen, was
noch fehlte. Dann nahm er gewissermaßen den Einkauf in die
Hand, indem er das Notwendige im Supermarkt aufspürte, Preise
verglich und aus der Entdeckung billigerer Angebote eine Art
Sport machte. Denn er wusste: Er hatte 70 Euro zur Verfügung
und durfte alle durch günstigeren Einkauf gesparten Beträge in
seine Sparbüchse tun. In dieser sparte er auf ein eigenes Fahrrad.

Das Kind wird der Situation nicht einfach ausgesetzt. Man bereitet es auf die Situation im Supermarkt vor, indem man das Kind bei der Planung der zu tätigenden Einkäufe einbezieht.

Sicherlich berichtet die geschilderte Situation von einem spektakulären erzieherischen Erfolg, der in dieser Form (das Kind plant meine Einkäufe und führt sie durch) wohl nur selten eintritt. Doch zeigt sie zugleich, dass neben dem Reframing auch die Beteiligung an den Situationen zu einer wichtigen Vorbeugung wird, um den immer wieder entgleisenden Alltagsroutinen zu entgehen. Auch diese Technik kann sich in anderen erzieherischen Lagen als nützlich erweisen.

Dabei passiert Folgendes: Wenn ich mein Kind oder meine Schülerinnen und Schüler beteilige, gebe ich ihnen Verantwortung. Dazu kommt, ich gebe ihnen nicht nur Verantwortung für die Planung und Realisierung der eigenen Bedürfnisse, sondern vertraue ihnen auch die Mitsorge um die Bedürfnisse der Familie an. Dies kann eine wichtige Gelegenheit sein, um soziale Verantwortung zu üben. Indem das Kind oder der Jugendliche spürt, dass ich ihm hier das Vertrauen entgegenbringe, kann es sich in einer neuen Rolle erproben.

Life-Check der Alltagssituationen

Die wesentlichen erzieherischen Anliegen, wie z. B. »Erziehung zur sozialen Teilhabe und Verantwortung«, werden in kleinen Schritten erreicht. Hilfreich ist es, die üblichen Alltagssituationen – wo möglich – erziehungswirksam zu gestalten. Diese kleine Bemühung bedarf keiner Appelle, Standpauken oder Grundsatzerklärungen, sondern kann allein durch Achtsamkeit und Fantasie gestaltet werden.

Diese »Veralltäglichung« der Erziehung ins Bewusstsein zu heben, wird zum entscheidenden Schritt jeglicher Erziehungswirksamkeit. Wir erziehen unsere Kinder, indem wir mit ihnen leben.

Es gilt, die Alltagssituationen, die wir mit unseren Kindern verbringen, dem Life-Check zu unterziehen:

Loslassen: Versuchen Sie es mit einem Neubeginn. Lassen Sie sich durch die Verhaltensweisen, die Sie von Ihrem Kind bereits zur Genüge kennen, nicht in Ihren Erwartungen, Befürchtungen und Reaktionen beeinflussen! (Motto: »Es könnte alles auch ganz anders sein und ist es auch bereits!«)

Interpretieren Sie langsam! Beobachten Sie, wann und wie Sie zu interpretieren beginnen. Denken Sie daran: Wenn Sie eine Interpretation haben, setzen Sie sich still in eine Ecke und warten, bis diese vorüber ist (de Shazer)! »Motto: Welche Bilder von meinem Kind suchen mich immer wieder heim?«)

Frisches Denken und Handeln: Forschen und experimentiere Sie! Versuchen Sie einen Unterschied zu den bisherigen Streits und Auseinandersetzungen und üben Sie sich in alternativen Reaktionen! (Motto: »Ab heute erfinde ich mich neu als Vater, Mutter, Erzieher ...!«)

Erfahrungen ermöglichen! Fragen Sie sich nicht, wie Sie ein befürchtetes Verhalten Ihres Gegenübers vermeiden könnten, sondern fragen Sie sich, wie Sie die anstehende Situation als neue Erfahrung für Ihr Kind oder den Jugendlichen aufbereiten könnten! (Motto: »Welche erzieherisch wertvolle Erfahrung beinhaltet diese Situation für mein Kind, ohne dass ich viel Worte verlieren muss?«)

Die Life-Grundsätze einer wirksamen Erziehung zielen auf eine Veränderung des eigenen Blicks auf das Kind oder den Jugendlichen. Dabei wird davon ausgegangen, dass Eltern, Lehrer und Lehrerinnen und Erziehungsverantwortliche ihr Gegenüber ebenso wenig verändern können, wie Chefs ihre Mitarbeiter. Basis jeder Veränderung ist vielmehr eine erfolgreiche Selbstveränderung (vgl. Arnold 2010): Indem es mir gelingt, den Blick auf mein Kind oder meinen Schüler zu verändern, verändert sich dieser selbst.

Regel 16: Wenn Du nicht mehr weiter weißt, geh auf eine Wanderung mit deinen Erziehungsgrundsätzen und benutze den Erziehungsreflektor!

»Es hat aber nichts geschadet!«, diese Worte begleiten oft unsere Einschätzung darüber, was wir selbst in unserer Erziehung erlebt oder gar durchlitten haben. Bisweilen ertappen wir uns auch dabei, dass wir in bestimmten Situationen ganz ähnlich reagieren wie unsere Eltern früher. Manchmal entgleiten uns auch Erziehungshandlungen und wir müssen uns eingestehen, dass wir dort jetzt überreagiert haben. Doch die Seele eines Kindes vergisst nicht. Die Erfahrungen von Ungerechtigkeit oder Härte hinterlassen Spuren – und seien es auch bloß die verdrängten Erinnerungen, die spätestens dann wieder aufleben, wenn unsere Kinder ihre eigenen Kinder erziehen werden.

Indem wir wiederholen, was wir selbst erlebt haben, tragen wir dazu bei, dass alles so bleibt wie bisher: Erziehungskulturen verändern sich langsamer als Gesellschaften. Königreiche gehen unter, aber die erzieherischen Maßnahmen bleiben jahrhundertelang gleich. Indem wir so reagieren, wie wir das aus unserer Erziehung heraus intuitiv für gerechtfertigt halten, bleiben wir diesen Traditionen treu und beziehen uns nicht auf das Kind.

Grundlegend ist zudem der Effekt der sich selbst bestätigenden Prophezeiung: Wer nicht an die Potenziale seines Kindes glaubt, wird auch ein Kind haben, das seine Potenziale nicht entwickeln kann. Lehrer, die störende oder schwierige Schüler befürchten, werden es immer wieder mit solchen Schülern zu tun haben. Es ist unser Bild vom Gegenüber, das uns in der Art, wie wir auf das Gegenüber zugehen, festlegt. Und unser Gegenüber spürt dies.

Verabschieden Sie sich ganz bewusst von Ihren Prinzipien und lassen Sie das Gegenüber auf sich wirken. Versuchen Sie zu verstehen, was es Ihnen durch seine oft auch unverständlichen Verhaltensweisen mitteilen will, und gehen Sie darauf ein.

Den Erziehungsreflektor einschalten

In einer Lehrerfortbildung berichtete eine Lehrerin: »Also manchmal bin ich furchtbar enttäuscht von mir, wenn ich mal wieder so richtig ausgeflippt bin. Dann werde ich laut und häufig auch ungerecht. Alles in mir ruft nach rascher ›Klärung‹ oder deutlicher Retourkutsche. Ich bin dann genauso, wie ich nie habe werden wollen. Ich wollte alles ganz anders machen, als ich es selbst erlebt habe als Kind: Brüllende Lehrer, strafende Eltern, Verbote überall – ich hatte kein wirklich interessiertes Umfeld und bin eigentlich auch deshalb Lehrerin geworden, um meine Schülerinnen und Schüler ganz anders zu begleiten, mit ihnen zu reden, ihnen wichtige Erfahrungen zu ermöglichen … Aber wenn dann Jannick mal wieder so richtig aufdreht, wie am letzten Montag in der sechsten Stunde, und ich wütend reagiere, bin ich mir selbst unsympathisch. Das Schlimmste dabei ist: Indem ich so ausflippe, zerstöre ich innerhalb von Minuten die Vertrauensbasis zu meinen Schülerinnen und Schülern, die ich mühsam in den letzten Monaten entwickelt habe!«

In solchen Situationen muss man den Erziehungsreflektor zur Hand nehmen, um sich seiner eigenen inneren Bilder und Stimmen zum Thema Erziehung bewusst zu werden. Denn es gilt: Wenn wir uns nicht der inneren Stimmen und Überzeugungen bewusst werden, die sich in druckvollen Situationen zu Wort melden, sind wir ihnen schutzlos ausgeliefert. Wir reagieren dann so, wie wir das tief in uns als berechtigt oder richtig empfinden und werfen in solchen Situationen alle besseren Einsichten über Bord. Und unsere Kinder oder Schülerinnen und Schüler spüren dann: »Wir haben es doch gewusst, im Zweifelsfall haben immer wir unrecht.«

Der Erziehungsreflektor ist eine Art Rückspiegel. Mit seiner Hilfe können Sie erkennen, welche Assoziationen, Bilder und Stimmungen Sie in einer konkreten Lage einholen. Und Sie können vermeiden, dass Sie diese bekannten Formen des Denkens, Fühlens und Handelns überholen. Sie müssen lernen, dass Sie am Steuer sitzen und auch eine neue Richtung vorgeben können. Der Beginn einer solchen Kursänderung kann z. B. darin bestehen, dass Ihnen mithilfe der folgenden Fragen selbst klar wird, welche alten Bekannten (Gefühle, Interpretationen etc.) Sie einholen. Begrüßen Sie sie mit der Formel: »Ich stehe nicht mehr zur Verfügung!« (Jakobson 2009)

Der Erziehungsreflektor – auf der Suche nach meinen inneren Erziehungsbildern!	
Gefühls-Check	Welche Gefühle melden sich zu Wort? Malen Sie diese Gefühle in einem Bild!
Archäologie	Woher kennen Sie diese Gefühle? Geben Sie ihnen Namen (z. B. Tante-Gisela-Gefühl) und klären Sie für sich, wann sie Sie zum letzten Mal eingeholt haben!
Stimmen in der Stimmung	Versuchen Sie, diesen Erinnerungen an Erziehungssituationen (Schlüsselsituationen) Statements zuzuordnen (z. B. »Wenn du noch einmal ….«)!
Anwendung	In welchen eigenen erzieherischen Reaktionen haben sich diese oder ähnliche Gefühle zu Wort gemeldet?
Stimmen der Erziehungs-klugheit	Was würde Ihre Erziehungsklugheit diesen Stimmen zurufen? Schreiben Sie diese Sätze auf und ordnen Sie sie den Schlüsselsituationen zu!

Der Erziehungsreflektor kann uns helfen, innerlich gelassener mit den Situationen umzugehen, die uns bedrängen und zu überfordern drohen. Indem wir lernen, mit unseren alten Gefühlen der Enttäuschung, der Wut oder der Entrüstung anders umzugehen, geben wir auch dem Kind oder dem Jugendlichen Gelegenheit, sich anders und neu zu zeigen.

»Ich bin erstaunt«, meinte die Lehrerin einige Wochen später, als wir uns wieder trafen, »die Arbeit mit dem Erziehungsreflektor hat wirklich etwas verändert! Ich muss zugeben, ich war am Anfang ziemlich skeptisch und fragte mich: ›Was soll das denn jetzt? Bin ich jetzt am Ende verantwortlich dafür, wie Jannick sich aufführt?‹ Aber nachdem ich einige Male in brenzligen Situationen den Erziehungsreflektor ausprobiert habe, ist mir bewusster geworden, warum ich dermaßen ausraste, wenn Jannick mal wieder seine tollen fünf Minuten hat. Ich schaue mir dann immer das Bild meiner Gefühlslandschaft an, das ich gemalt habe. Und dabei – Sie werden es nicht glauben – erkenne ich mich selbst in diesem Bürschchen. Manchmal verwende ich die gleichen Formulierungen, die ich früher in meiner schlimmen Phase selbst zu hören bekam. Seit ich mir dessen bewusst bin, flippe ich seltener aus. Es gelingt mir bei Regelverstößen heute wesentlich leichter, andere Wege zu gehen und z. B. nach dem Grundsatz zu handeln, »ohne Konsequenz keine Regel!« Jannick ist zwar immer mal wieder schwierig, aber mir macht er nicht mehr diese Schwierigkeiten. Und irgendwie habe ich den Eindruck, dass er sich auch viel schneller wieder fängt.«

Die Lehrerin hat hier treffend beschrieben, was in vielen Erziehungssituationen tatsächlich geschieht: Wir sehen uns vor eine Schwierigkeit gestellt, und gleichzeitig spüren wir in uns einen Impuls, etwas zu tun. Indem wir diesem Impuls folgen, bleiben wir uns in unseren Erfahrungen treu. Dies bedeutet, wir folgen einer spontanen Einschätzung und geben einer Empfindung nach. Nur in einer angeleiteten Nachbetrachtung, zu welcher uns z. B. der Erziehungsreflektor führen kann, merken wir, dass wir uns genau so verhalten, wie wir uns schon immer in ähnlichen Lagen verhalten haben. Wir handeln so, »wie uns die Gefühle gewachsen sind« (Arnold 2009), nicht wie es eine nüchterne Betrachtung der Situation von uns verlangen würde.

> Je vehementer sich in Ihnen angesichts eines »störenden« Verhaltens Ihres Kindes oder Ihrer Schüler eine Enttäuschung oder Verärgerung ausbreitet, desto wahrscheinlicher ist es, dass sich in Ihnen gerade ein alter Bekannter zu Wort meldet. Versuchen Sie mithilfe des Erziehungsreflektors diesen Botschaften auf den Grund zu gehen und Ihr Gegenüber von ihrer Wirkung zu befreien!

Nur indem es uns gelingt, unser Kind in Erziehungssituationen »nüchtern« zu betrachten, können wir als Eltern, Erzieher oder Lehrkräfte »angemessen« handeln. Denn unser Gegenüber hat nicht die Absicht, gegen unsere Erziehungsgrundsätze zu verstoßen, es kennt diese überhaupt nicht. Kinder und Jugendliche verhalten sich so, wie sie sich eben verhalten. Sie haben dafür stets eigene Gründe, auch wenn ihnen diese meist nicht bewusst sind. Indem ich in diesem Verhalten jedoch nur die Verletzung meiner Erziehungsgrundsätze sehe und mich herausgefordert fühle, handele ich nach eigenen Maßgaben, d. h. ich unternehme etwas, damit »für mich« meine Welt – wieder – stimmt. Eine solche Reaktion ist zwar sehr verständlich, aber erzieherisch stets unwirksam. Erziehung wirkt nur dann nachhaltig, wenn ich die Welt des Gegenübers zu erreichen vermag und – zumindest für einen Moment – die Welt meiner Grundsätze hinter mir lassen kann.

Regel 17: Vergiss nicht: Was dich ärgert, ist nicht das Verhalten deines Kindes, sondern deine Interpretation dieses Verhaltens

Diese Regel geht auf den griechischen Philosophen Epiktet zurück, der bereits im ersten Jahrhundert nach Christus feststellte: »Was den Menschen bewegt, sind nicht die Dinge selbst, sondern die Ansichten, die er von den Dingen hat«. Vor diesem Hintergrund wird auch für das weite Gebiet der Erziehung und der Erziehungsprobleme eine neue Form der Problemlösung möglich: das »Reframing«, das wir schon in der Regel 15 kennengelernt haben. Wörtlich bedeutet dies so viel wie: »Etwas in einen neuen Rahmen setzen«. Damit wird darauf hingewiesen, dass wir zahlreiche Erziehungskonflikte nur deshalb haben, weil *wir* es sind, die das Verhalten unserer Kinder deuten und interpretieren. Somit reagieren wir aus einer persönlichen Einschätzung und nicht aus einem wirklichen Kontakt mit dem Kind heraus.

Zur Problemlösung trägt vielfach schon bei, wenn Sie Ihre Beurteilung Ihres Gegenüber wandeln – gar nicht unbedingt, dass sich das Gegenüber selbst verändert.

Übe die Wahrnehmung zweiter Ordnung

Wer sich in seinen Erziehungshandlungen von der Vorstellung löst, er müsse und könne die Wirklichkeit seines Kindes beeinflussen, begibt sich auf den Weg einer Wahrnehmung zweiter Ordnung. Diese Wahrnehmung ist distanzierter und selbstbeobachtender. Man ärgert sich dann zwar auch über das Erlebte, aber beobachtet gleichzeitig seinen eigenen Ärger und die eigenen – oft hilflosen – Bemühungen, die ärgerliche Wirklichkeit zu beeinflussen. Gleichzeitig nehmen wir das Verhalten der Kinder und Jugendlichen weniger grundsätzlich in den Blick.

Wahrnehmung erster Ordnung **Beispiel:** Meine Tochter gibt mir eine schnodderige Antwort, was mich ärgert.	→	Erziehung als Wirklichkeitsbeeinflussung **Beispiel:** Ich stelle sie zur Rede, sperre ihr das Taschengeld o. Ä., um zu erreichen, dass sich ihr Verhalten verändert. **Erziehungsziel: Problemlösung durch Veränderung des zu erziehenden Kindes oder Jugendlichen**
Wahrnehmung zweiter Ordnung **Beispiel:** Mir fällt auf, dass ich das Verhalten meiner Tochter als schnodderig erlebe.	→	Erziehung als Umgang mit Wirklichkeiten **Beispiel:** Ich bemühe mich darum, meinen Eindruck zu verändern, indem ich ihren Ton z. B. als Ausdruck einer schlechten Laune, einer starken Belastung o. Ä. deute. **Erziehungsziel: Problemlösung durch Umdeutung der Situation**

Eltern, Lehrer und Erzieher können sich in der Wahrnehmung zweiter Ordnung üben. Wichtig ist dabei die Einsicht, dass es nicht das Verhalten unserer Kinder ist, das sie uns als »unmögliche« und »zu bessernde« Menschen erscheinen lässt, sondern unsere Ansicht von ihnen. Wenn wir in dieser Weise auf das Verhalten der Kinder und Jugendlichen blicken, heißt das nicht, dass wir dieses Verhalten in der uns dargestellten Form auch gutheißen müssen. Es geht vielmehr darum, sich selbst beobachten zu lernen und auch auf die Worte zu achten, mit denen wir uns selbst und anderen gegenüber das uns störende Verhalten darstellen.

In dem geschilderten Fall »Meine Tochter gibt mir eine schnodderige Antwort, was mich ärgert«, verändert das Bemühen nach möglichen anderen Bedeutungen der gereizten Art der Tochter zu fragen, die ganze Situation. Ein Vater erzählte: »Wenn mir meine Tochter schnippisch kommt, hab ich gute Erfahrungen damit gemacht, einfach nichts dazu zu sagen. Das stimmt nicht ganz: Ich sage mir selbst einfach den Satz ›Das hat nichts mit dir zu tun!‹ und gehe ihr aus dem Weg. Seitdem habe ich weniger Schwierigkeiten mit meiner Tochter. Natürlich muss man den Kindern auch irgendwie sagen, welches Verhalten angemessen und welches nicht angemessen ist. Das mache ich dann in den Situationen, in denen ich mit meiner Tochter im Gespräch bin. Dann kommt es vor, dass ich ihr sage: ›Also, was ich dir noch sagen wollte: Ich fand es gestern nicht o.k., wie du mit mir geredet hast. Wahrscheinlich hattest du wieder irgendwie Stress, der dich belastet hat?‹ Indem ich ihr so zu verstehen gebe, dass ich nicht alles auf mich beziehe, fühlt sie sich auch nicht angegriffen und kann ruhiger und auch einsichtiger reagieren. Überhaupt: Ich habe die Erfahrung gemacht, dass meine Erziehungsbemühungen in dem Moment zur Erfolglosigkeit verurteilt sind, wenn sie von meiner Tochter als Angriff empfunden werden. Das ist wirklich schwierig und natürlich kann ich meiner Tochter nicht nur behutsam und vorsichtig begegnen. Aber wenn ich ihr Rückmeldungen über ihr Verhalten geben möchte und erreichen will, dass sie dieses verändert, dann muss ich achtsam sein. Meine Erfahrung ist, dass Eltern ruhiger und auch gelassener werden müssen. Wir können nicht immer direkt reagieren, sondern sollten mit unserer Reaktion abwarten, bis wir mit unserem Kind in einer Situation sind, in der es unsere Kommentare nicht als Angriff empfindet.«

Hinweise für eine wirksame Erziehung

Aus dieser Schilderung lassen sich zwei wichtige Hinweise für eine wirksame Erziehung ziehen.

(1) *In der Erziehung geht es nicht immer darum, unmittelbar zu handeln und Stellung zu beziehen.* Vielfach führt diese Unmittelbarkeit dazu, dass sich die Fronten verhärten und sich das Geschehen mehr und mehr auf die Frage beschränkt, wer das letzte Wort hat. In diesen Situationen, in denen ein Wort das andere gibt, schaukeln sich oft die Emotionen richtig hoch und die Beziehung zwischen Eltern und Kindern nimmt Schaden. Wirksame Erziehung lebt deshalb auch davon, dass man den rechten Zeitpunkt für seine Klarstellungen und Erklärungen wählt. Selten ist dieser Zeitpunkt in der Situation der Verärgerung selbst gegeben.

Wirksame Erziehung besteht nicht aus unmittelbaren Reaktionen, sondern wartet günstige Momente zur Klarstellung, Erklärung oder auch Grenzsetzung ab. Diese Momente sind nur dann gegeben, wenn Sie mit dem Gegenüber in einem Blickkontakt stehen, es Ihnen zuhört und es Ihre Erklärungen nicht als Angriff erleben muss.

(2) *Eine nachhaltig wirkende Erziehung ergibt sich aus der Kunst, »es nicht persönlich zu nehmen«.* Dies ist leichter gesagt als getan, und ich höre schon Ihren Protest: »Also, das ist wirklich allerhand. Mein Kind schnauzt mich an, und ich soll es nicht persönlich nehmen? Dann dauert es nicht lange, bis ich der Hanswurst meines Kindes bin!« Diese Überlegung ist verständlich, aber sie entstammt einem Erziehungsdenken, dem es darum geht, Maßstäbe durchzusetzen, aber nicht Wirkungen zu erzielen.

> Wenn Sie wirksam erziehen wollen, müssen Sie üben, vom Gegenüber her zu denken und zu fühlen. Entscheidend ist nämlich nicht, ob Sie recht haben, sondern ob Sie Wirkungen im Gegenüber auslösen können!

Diese Orientierung kann man lernen. Durchlaufen Sie dafür täglich in Gedanken die dreistufige Wirkungsreflexion der Erziehungsreaktion.

Drei Stufen einer wirkungsorientierten Erziehungsreaktion		
	3. Schritt	**Ich nutze einen »günstigen Moment«, um die Grenze zu markieren!** Ich vergesse das problematische Verhalten nicht, sondern komme später bei einer besseren Gelegenheit darauf zu sprechen
	2. Schritt	**Ich nehme es nicht persönlich!** Hier ist Ihre Selbstbeobachtung gefragt: Beobachten Sie, wie Ihre Verärgerung Ihre Wahrnehmung prägt
1. Schritt		**Ich beobachte, ohne unmittelbar zu regieren!** Üben Sie sich darin, das beobachtete Verhalten des Kindes für sich mit nichtwertenden Worten im Stile eines Kurzprotokolls zu beschreiben

Regel 18: Arbeite mit Denkfragen, nicht mit Lenkfragen! Übe das »aktive Zuhören«!

Erziehung ist eine Form der Entwicklungsbegleitung. Eltern oder Lehrkräfte begleiten die Entwicklung der Kinder und Jugendlichen, indem sie mit ihnen Zeit verbringen, sich mit ihnen in Beziehung setzen und sich ihren Fragen widmen. Es ist ein Glücksfall, wenn Kinder uns ihre Fragen gönnen, und wir sollten uns diesen stellen, ohne jedoch dem verführerischen Drang zu erliegen, »in die Antwort zu stürmen« (Brunner-Peindl 2010, S. 17). Denn Antworten haben immer auch etwas Endgültiges und Lenkendes: Indem ich meinem Kind die Antwort gebe, nehme ich es auch aus der Verantwortung und es kann seine eigene Antwort nicht finden, weil diese nicht mehr gefragt ist.

Erzieherisch wirksames Fragen ist ein Fragen, das tatsächlich an den Antworten der Kinder und Jugendlichen interessiert ist. Es sind seine Fragen, die wir zum Ausdruck bringen, und wir helfen ihm, sich dieser Fragen bewusst zu werden und selbst eine Antwort zu (er)finden.

Thomas Gordon, der bekannte amerikanische Kommunikationsexperte, hat in vielen seiner Bücher betont, dass die Basis jeglicher Erziehungskommunikation die Fähigkeit sei, »aktiv« zuhören zu können. Indem ich als Vater, Mutter oder Lehrperson durch die Art meines Fragens mein Gegenüber dazu bringe, sich mitzuteilen, selbst den Dingen auf den Grund zu gehen und sich selbst »klar« zu werden, leiste ich einen Beitrag dazu, dass Kinder und Jugendlichen sich selbst ihre Antworten erarbeiten und so »verantwortlich« werden können.

»Schülerin: Wissen Sie, ich mache im kommenden Frühling das Abitur und möchte es eigentlich gar nicht. Es wäre fabelhaft, wenn ich noch ein Jahr länger hier zur Schule gehen könnte.

Lehrer: Es gefällt dir nicht, dass die Schule zu Ende geht.

Schülerin: Ja, es ist weniger, dass ich so gern zur Schule gehe, ich weiß bloß nicht, was ich im nächsten Jahr tun soll, wissen Sie? Ich möchte an der Universität weitermachen, aber das kostet viel Geld, und mein Vater kann sich das nicht leisten. Ich könnte einen Job annehmen, aber die, die ich kriegen kann, werden schlecht bezahlt. Die sind eigentlich nichts Richtiges.

Lehrer: Du bist ziemlich enttäuscht über die Möglichkeiten, die du dir nach dem Abitur ausrechnest.

Schülerin: Ja, das bin ich, es sei denn, ich ginge in die Stadt, wo mein Freund lebt, und besuchte wie er die Kunstakademie. Ich könnte mit ihm zusammenleben, verstehen Sie? Wir könnten uns die Kosten für Wohnung, Essen und so teilen (Pause). Das Problem ist nur, mein Vater würde mich erschlagen, wenn er dahinterkäme.

Lehrer: Du hast Angst davor, wie er reagieren würde, wenn er dahinter kommt, dass du mit deinem Freund zusammenlebst.

Schülerin: Oh, ich weiß, wie er reagieren würde. Er würde mich zurückholen. Da ist noch ein Problem. Mein Vater mag Peter, das ist mein Freund, nicht. Größtenteils liegt das daran, dass er lange Haare hat, und er ist ganz besessen von Musik und Kunst. Vater ist ein herber Typ, verstehen Sie?

Lehrer: Sie sind sehr verschieden?

Schülerin: Gar nicht mal so sehr. Unter seinem ganzen männlichen Gehabe ist Vater sehr lieb, ähnlich wie Peter … Ich glaube, sie sind sich in vieler Hinsicht ähnlich. Es ist nur, Vater hat sehr ausgeprägte Vorstellungen von dem, was ein Mann tun muss, um ein Kerl zu sein (…). Er sagt, Peter ist wie ein Mädchen, weil er nur malt und komponiert und so.

Lehrer: Er ist der Meinung, das sei nichts für Jungen?

Schülerin: Ja, das findet er. (Pause) Ich glaube, er wünschte sich einen Jungen.« (Gordon 1991, S. 75 f.).

Diese Unterhaltung zeigt, dass es nicht um die klare Lösung bzw. das deutliche Ergebnis geht. Entscheidend ist vielmehr die Art der Unterhaltung. Es wurde ein Gespräch in Gang gebracht, bei dem die Schülerin die Richtung angibt, während der Lehrer nur interessiert nachfragt (»Du meinst …?«). Mit dieser »aktiven« Art des Zuhörens wird jedoch nicht allein die Fähigkeit der Schülerin gestärkt, irgendwann selbstverantwortlich eine Entscheidung zu treffen, es entwickelt sich auch eine Vertrauensbeziehung zwischen Lehrer und Schülerin, deren erzieherische Bedeutung nicht hoch genug eingeschätzt werden kann.

Vertrauen ist die Basis jeglichen Erziehungserfolges. Und Vertrauen erwächst aus Zutrauen! Und im Zutrauen zeigt sich die Wertschätzung, die wir unseren Kindern und Jugendlichen entgegenzubringen vermögen. Deshalb schreibt der bekannte Erziehungsberater Rudolf Dreikurs: »Auch das Kind braucht Beweise unseres Vertrauens« (Dreikurs u. Blumenthal 2010, S. 370).

Dadurch, dass ich meinem Kind aktiv zuhöre, traue ich ihm zu, dass seine Sicht der Dinge und seine Art, Probleme zu erkennen und zu meistern, angemessen und weiterführend ist. Und ich beschränke mich auf die Rolle einer interessierten, geduldigen und behutsam nachfragenden Begleitung. Entscheidend für den erzieherischen Erfolg dieses aktiven Zuhörens ist das Vertrauen in den Prozess der Gesprächsentwicklung. Gordon schreibt:

»Der Lehrer muss dem Schüler zutrauen, seine Probleme letzten Endes selbst lösen zu können. Finden Schüler nicht schnell eine Lösung, sind sie weitschweifig und klingen wenig überzeugend (…), dann brauchen die Lehrer den Glauben an den Prozess und müssen daran denken, dass aktives Zuhören dazu da ist, um das Finden von Lösungen zu erleichtern – ein Prozess, der Tage, Wochen, ja Monate dauern kann« (Gordon 1991, S. 77).

Eltern sowie Lehr- und Erziehungskräfte müssen diese Art der zutrauenden Gesprächsführung häufig erst mühsam lernen. Zu ausgeprägt sind ihre Ungeduld und ihr Interesse an raschen Lösungen. Als Erwachsene haben sie die Umwege und Kreisbewegungen, die die Suche nach einer Antwort häufig benötigt, schon lange vergessen. Sie müssen in gewisser Weise selbst wieder »werden, wie die Kinder« – in Anlehnung an den Bibelspruch –, um diese in ihrer Suche wirklich wirksam begleiten zu können. Und sie müssen lernen, Denkfragen statt Lenkfragen zu stellen.

Denkfragen sind stets öffnende Fragen. Sie öffnen den Raum der erzieherischen Wirksamkeit, während Lenkfragen ihn eher verschließen.

Denkfragen können »wie Küsse schmecken« (Kindl-Beilfuß 2008). Dies bedeutet, dass erzieherisch wirksame Fragen im anderen etwas in Bewegung zu setzen vermögen, wie auch ein Kuss ein wechselseitiges Geschehen ist, wenn er »schmecken« soll, um im Bild zu bleiben. Und ebenso, wie es aufgedrängte Küsse gibt, die uns lästig sind, so gibt es auch aufgedrängte Fragen. Gute Fragen hingegen regen zum Denken an, und sie mobilisieren gewissermaßen das Gegenüber, sich eigene Gedanken zu machen und uns diese mitzuteilen. Im Idealfall können Fragen das Gegenüber auch verunsichern, und es beginnt daraufhin neu nachzudenken. Sokrates bewirkte dies auf den Plätzen von Athen: Er verunsicherte mit seinen Fragen und zeigte den Menschen, dass sie nicht wussten, sondern nur zu wissen glaubten und deshalb selbst weiterfragen mussten – dies ist der Kern seiner erzieherischen Wirkung.

Die eigene Fähigkeit zum aktiven Zuhören und zur Vermeidung von Lenkfragen im Kontakt mit den Kindern und Jugendlichen, für die wir Erziehungsverantwortung tragen, lässt sich optimieren. Dazu sind die folgenden Fragen der Checkliste sinnvoll.

Bin ich ein aktiver Zuhörer bzw. eine aktive Zuhörerin für mein Kind oder meine Schüler und Schülerinnen?

Annahme	Kann ich die von dem Kind oder Jugendlichen ausgedrückten Probleme »ehrlich annehmen«, oder ertappe ich mich dabei, dass ich finde, alles sei doch eigentlich gar nicht so schlimm?
Kontinuität	Bin ich wirklich in der Lage, das Gespräch zu entwickeln, oder bewirken meine »Antworten«, dass mein Gegenüber immer einsilbiger wird?
Trauen	Traue ich dem Gegenüber wirklich, d. h. traue ich ihm zu, dass es seine Angelegenheiten zu lösen vermag?
Intimität	Behandle ich das, was das Kind oder der Jugendliche mir aus seinem Leben anvertraut, vertraulich oder klatsche ich darüber mit anderen Eltern, Lehrern etc.?
Vertrauen	Vertraue ich dem Gegenüber, dass es mir sagt, was es von mir erwartet und nötig hat, oder springe ich immer wieder kontrollierend, lenkend oder antwortend hinzu?

Regel 19: Geh stets durch alle Stockwerke eines Erziehungsproblems!

Als »Erziehungsproblem« bezeichnen wir in der Regel das Verhalten eines Kindes oder Jugendlichen, das nicht erwartungsgemäß ist. So sprengt ein gewaltbereiter Jugendlicher die Erwartungen an ein »angemessenes« Verhalten ebenso, wie ein Kind, das völlig verschlossen und teilnahmslos dem Unterricht beiwohnt und in Tränen ausbricht, wenn der Lehrer oder die Lehrerin es ansprechen. Häufig belassen es Eltern und Erziehungsverantwortliche bei der individuellen Diagnose, d. h. sie beobachten das »problematische« Verhalten möglichst genau, prüfen, ob und inwieweit zusätzliche »Abklärungen«, wie man dies nennt, hilfreich sein könnten, und verbleiben damit im sogenannten ersten Stock der Diagnose. Die Einsicht in die sich wechselseitig verstärkenden interpersonalen, systemischen oder gar schuldbezogenen Aspekte einer Situation, in der das unangemessene Verhalten auftritt, ist den Akteuren in der Erziehungspraxis selten bewusst. Das verhindert meist, das Erziehungsproblem umfassend, d. h. über alle Stockwerke, zu klären. Dieses Verweilen im ersten Stockwerk der Problemanalyse ist allerdings unzureichend, denn:

> »Häufig ist das Ausmaß der Störung bzw. Problemverhaltens nicht ausreichend auf der personalen Ebene zu erklären. Individuelle Lernschwächen, z. B. eine Lese- und Rechtschreibschwäche, werden oft erst durch unangemessene Reaktionen des schulischen oder familiären Umfeldes zum entwicklungshemmenden Problem« (Hennig u. Knödler 2000, S. 270).

Betrachten Sie stets alle Dimensionen eines Erziehungsproblems. Dies tritt zwar im Verhalten des Kindes oder Jugendlichen auf, kann jedoch durch Gegebenheiten oder Reaktionen auf anderen »Stockwerken« überhaupt erst zum Problem werden. Deshalb können auch »Umbauten« bzw. Veränderungen auf den anderen Ebenen zur Minderung oder gar zum Verschwinden des Problems beitragen.

103

			Multidimensionales Fragen
		Viertes Stockwerk: Schulische Makro-Systeme	(10) Welche allgemeinen Merkmale des Schulischen wirken sich begünstigend/störend aus? (9) Welche »amtlichen« Rollenzuschreibungen und Erwartungen wirken sich begünstigend/störend aus?
		Drittes Stockwerk: Systemebene	(8) Welche Funktion übernimmt das störende Verhalten im Klassenverband? Was »nützt« es dafür, dass dieser funktioniert? (7) Wie kann die Klasse in eine Problemlösung eingebunden werden?
	Zweites Stockwerk: Interpersonale Ebene		(6) Wie reagieren die Lehrerinnen und Lehrer auf das gezeigte Verhalten? Wie ist ihre Beziehung zu dem Kind oder Jugendlichen? (5) Wie gehen die Mitschüler mit der Verhaltensauffälligkeit um? (4) Gibt es Situationen, in denen das problematische Verhalten nicht auftaucht? Was ist in diesen Situationen anders?
Erstes Stockwerk: Personale Ebene			(3) Worin drückt sich das individuelle Problemverhalten aus? (2) Wie beschreibt und erklärt der Betroffene sein Verhalten bzw. seine Verhaltensprobleme? (1) Gibt es Anzeichen für eine körperliche Störung, ein Aufmerksamkeitsdefizitsyndrom (ADS) oder Hyperaktivität?

Der Gang durch das systemische Stockwerkmodell zur Analyse von Erziehungsproblemen kann helfen, es den Beteiligten leichter zu machen. Denn häufig begünstigen Gegebenheiten in einem höheren Stockwerk, dass »unten« alles so bleiben kann, wie bisher. Aus diesem Grunde sollte man sich bei einem konkreten Problem stets der Mühe unterziehen, die Stockwerke von unten nach oben und von oben nach unten zu durchschreiten. Und: Bevor wir im unteren Stockwerk komplizierte Umbaumaßnahmen in die Wege leiten, sollten wir sichergestellt haben, dass in den oberen Stockwerken »alles in Ordnung« ist.

»Claudio nervt!« Die meisten Lehrer der Klasse 7c waren darin einig, dass es mit Claudio so nicht mehr so weitergehe. »Der kann ja nicht ruhig auf seinem Platz sitzen. Immer wieder steht er auf, läuft zu Mitschülern, und wenn ich ihn ermahne, grinst er mich an und macht weiter. Wenn ihr mich fragt, leiden auch seine schulischen Leistungen unter seiner Unkonzentriertheit«, ereiferte sich eine Lehrerin. »Ja, ich mache mir auch Sorgen um die Leistungen von Claudio. Er hat bei mir ganz selten seine Hausaufgaben erledigt. Und mir fällt auf, dass er eigentlich auch keine wirklichen Freunde hat. Einige hänseln ihn auch, weil er irgendwie schwer von Begriff ist. Kürzlich habe ich seine Eltern mal zu einem Elterngespräch einbestellt, aber da kam nur sein Großvater. Der hat gleich gemeint, sie würden nun ›andere Saiten aufziehen‹. Das hat aber wenig bewirkt. Seitdem ist Claudio eigentlich nur noch nervöser und kaum noch in einer konzentrierten Haltung.«

Eine Abklärung durch den Schulpsychologen ergab, dass Claudio über eine überdurchschnittliche Intelligenz verfüge und auch nicht unter irgendwelchen körperlich ausgelösten Konzentrationsstörungen leide. In dem zweistündigen Gespräch mit dem Schulpsychologen zeigte sich Claudio vielmehr als ein »aufgeweckter Junge, mit dem man auch sachlich reden könne«. Auf seine Probleme angesprochen, stellte Claudio fest: »Es ist halt so, dass alle so viel von mir erwarten, und dann werde ich ganz durcheinander und spüre das starke Bedürfnis aufzustehen und herumzulaufen!«

Der Gang durch die Stockwerke einer systemischen Klärung des »Erziehungsproblems« förderte Gesichtspunkte zutage, an die die Beteiligten bislang nicht gedacht hatten:

Der Schulpsychologe beobachtete einige Unterrichtstunden in der Klasse. Ihm fiel auf, dass die Lehrer Lehrerinnen und Lehrer bereits »durch die Störungsbrille auf Claudio blickten«, wie er es ausdrückte. Zur Erläuterung meinte er: »Mir ist aufgefallen, dass sie Claudio eigentlich nur beachten, wenn er den Unterricht stört und z. B. im Klassenzimmer herumläuft. Claudio hat bereits die Lektion verinnerlicht: ›Man beachtet mich, wenn ich störe!‹«. – »Sie haben gut reden. Wir können ihn doch nicht einfach herumlaufen lassen!«, meinte eine junge Lehrerin leicht entrüstet. »Das meine ich auch gar nicht, aber trotzdem sollten Sie darauf achten, ob und wie Sie sich mit Claudio beschäftigen, wenn er einmal nicht stört, was ja auch vorkommt. Gestern in der Erdkundestunde ist mir aufgefallen, dass der Lehrer Claudio gezielt angesprochen hat, Claudio konnte antworten, und Herr Klein hat ihn darauf gelobt und aufgefordert nach vorne zu kommen und seinen Lösungssatz an die Tafel zu schreiben. Mein Vorschlag wäre: Gehen Sie gezielt auf Claudio zu, wenn er mal nicht stört und setzen Sie ihn in Bewegung! Sie werden sehen: Diese Art von Aufmerksamkeit gefällt ihm wesentlich besser. Und noch etwas: Achten Sie auch darauf, wie seine Mitschüler auf das Verhalten von Claudio reagieren. Wenn er mal wieder durch seine Störung Aufmerksamkeit erregt, gehen Sie einfach hin, nehmen ihn schweigend an der Schulter und führen ihn an seinen Platz zurück – ohne das Verhalten in irgendeiner Weise zu kommentieren. Sie fahren nur mit Ihrem Unterricht fort und schenken der Störung keine Aufmerksamkeit«.

Diese Hinweise führten die Beteiligten von der ersten Stufe der Problembeschreibung zu einem weiteren Stockwerk. Sie erkannten, dabei, dass »Störungen« nicht nur ein individuelles Fehlverhalten sind, sondern auch durch die Art und Weise, wie das Umfeld mit ihnen umgeht, gefestigt oder überwunden werden können. Durch den Gang durch die Stockwerke wird der Lösungsblick der Verantwortlichen gestärkt. Sie lernen dabei, weniger auf das problematische Verhalten zu »starren«, als vielmehr solche Situationen zu schaffen, in denen dieses Verhalten nicht auftritt und der »schwierige Schüler« überhaupt nicht schwierig ist.

Regel 20: Nutze B-Vitamine: Bindung, Begrenzung, Begleitung und Bildung!

Immer wieder fragen Eltern nach Erziehungsrezepten. Sie suchen eine generelle Orientierung für das angemessene und erziehungswirksame Verhalten gegenüber ihren Kindern. Die Zeiten, in denen eine solche Orientierung durch Kirche oder Gesellschaft vorgegeben wurde, sind schon lange vorüber. Nur Scharlatane versuchen sich heute noch an solchen Konzepten und predigen z. B. das Durchsetzen von »Disziplin« um jeden Preis als Allheilmittel gegen jegliche Erziehungsprobleme oder vertreten Antiverwöhnprogramme nach dem Motto »Fordern statt Verwöhnen!« Diese generellen Konzepte haben den Nachteil, dass sie im Einzelfall nicht funktionieren und zudem mit teilweise erheblichen Risiken und Nebenwirkungen einhergehen. Oft führen diese ach so entschlossenen Konzepte zu dem Verhalten der Kinder und Jugendlichen, das dann Eltern, Lehrkräften und der Gesellschaft so große Probleme bereitet.

Hüten Sie sich vor Erziehungsratgebern, die versprechen, alle Schwierigkeiten, die Sie mit Ihren Kindern oder Schülerinnen und Schülern haben, mit einer Formel bewältigen zu können. Kinder sind vielfältig. Deshalb müssen auch unsere Erziehungsmaßnahmen vielfältig sein. Erfolgreiche Eltern und Erzieher verfügen über ein breites Spektrum von Strategien und Reaktionsweisen, und sie wissen um die Hilflosigkeit und Wirkungslosigkeit »lauter« und »entschlossener« Erziehungsrezepte.

Eine nachhaltig wirksame Erziehung hat nicht eine Voraussetzung, sondern viele. Von entscheidender Bedeutung sind dabei die Klarheit des Erziehungsverantwortlichen und seine Beziehung zum Heranwachsenden. Dies bedeutet, dass man kaum wirksam erziehen kann, wenn man es vermeidet, Klarheit herzustellen: Kinder und Jugendliche müssen deutlich verstehen können, was man von ihnen erwartet, und sie müssen auch einsehen können, welche Konsequenzen Verhalten hat, das gegen klar kommunizierte Grenzen verstößt.

In der beliebten Fernsehsendung »Die strengsten Eltern der Welt« (vgl. www.kabeleins.de) wurde ein Fall beschrieben, in dem deutsche Eltern Jugendliche, mit denen sie nicht mehr zurechtkamen, zu rumänischen Eltern auf eine Art »Erziehungsurlaub« schickten. Die Kinder wurden dort mit klaren Regeln und Anforderungen konfrontiert, und es wurde von ihnen erwartet, dass sie auf dem Bauernhof mitarbeiten. Die Gasteltern waren liebevoll und zugewandt, aber auch sehr streng. Sie konfrontierten die Jugendlichen mit klaren Regeln, und sie warfen sie raus, als diese sich nicht an diese hielten – eine harte, aber im konkreten Fall wirksame Konsequenz: Die beiden Jugendlichen kamen – ohne Geld – nicht weit und mussten reumütig zu den Gasteltern zurückkehren. Doch bis zu diesem Entschluss war es für beide ein weiter innerer Weg, in dem sie schmerzhaft erfahren mussten, dass sie jetzt an ihrer Grenze angekommen waren. Sie hatten keine andere Wahl und mussten sich arrangieren – ein Nachgeben, das aber auch mit wichtigen Einsichten in die Brüchigkeit der bisherigen Lebensform einherging.

Die Elemente der Erziehung

Dieser Fall verdeutlicht, welche Elemente gleichzeitig gegeben sein müssen, damit Erziehung gelingen kann.

Bindung: Interesse am Wachstum und der Entwicklung
Die angekündigte und durchgesetzte Begrenzung diente den Gasteltern nicht dazu, recht zu behalten. Sie verbanden mit der Grenzerfahrung (»Ich komme alleine hier nicht zurecht«) vielmehr die Absicht, den Jugendlichen eine Einsicht zu ermöglichen, ohne die diese sich in ihrem Leben nicht zu Erwachsenen entwickeln könnten. Es ist also das Interesse am Wachstum des Gegenübers, das aus einer Konsequenz eine erzieherisch wirk-

same Erfahrung zu machen vermag, nicht aber die Konsequenz um der Konsequenz willen.

> Wenn Sie mit Konsequenzen reagieren, sollten Sie sich stets fragen, welche Bedeutung dieses Erleben für das Wachstum und die Entwicklung des Kindes oder Jugendlichen haben kann. Erzieherische Konsequenzen sollten Folgen sein, aus denen sich für das Kind oder den Jugendlichen Einsichten ergeben können. Vermeiden Sie deshalb Konsequenzen, aus denen nichts gelernt werden kann! Versuchen Sie durch die Konsequenz Ihrer Erziehung Ihren Kindern wichtige – auch unangenehme – Erfahrungen zuzumuten!

Begrenzung: *Befestigung, nicht Eingrenzung*
Die Konsequenz, die die Gasteltern im geschilderten Fall ziehen, wirkt hart, und leibliche Eltern können ihre Kinder nicht einfach rauswerfen. Aber auch sie verfügen über Möglichkeiten, ihren Worten Taten folgen zu lassen. Die Härte, die sie dabei den Kindern zumuten, entstammt nicht einer aggressiven Entschlossenheit, sondern der rauen Wirklichkeit, die nach anderen Maßstäben als der einer nicht enden wollenden Nachsichtigkeit und Behütung funktioniert. Denn Nachsicht und Behütung kann eine subtile Form der Eingrenzung sein, die den Heranwachsenden die wichtigen Erfahrungen, an denen sie reifen können, vorenthält.

> Wenn Behütung zur Überbehütung wird, grenzen Sie die Erfahrungswelt Ihres Kindes ein. Diese Eingrenzung kann ihm schaden, denn es spürt dann nicht, was eigenverantwortliches Leben tatsächlich bedeutet.

Die Rauheit der Wirklichkeit kann nur erlebt, nicht erklärt werden. Deshalb müssen Kinder und insbesondere Jugendliche Ernstsituationen erleben können, in denen sie dieser Wirklichkeit ausgesetzt sind. Gleichzeitig müssen sie aber spüren können, dass sie bei diesen »Gehversuchen« einen Ankerplatz haben, an den sie immer wieder zurückkommen können. Durch dieses Erleben fühlen sie sich sozial »befestigt«.

Grundlagen allen erzieherischen Erfolges sind Zuwendung und Wertschätzung. In ihnen kommt auch die Bindung zum Ausdruck: Es geht um zugewandte Grenzsetzungen, nicht um begrenzende Zuwendung.

Begleitung: *zurückhaltende, aber präsente Führung*
Eltern, Lehr- und Erziehungskräfte stehen deshalb vor der schwierigen Aufgabe, ständig eine Balance zu halten zwischen Befestigung einerseits und Begrenzung andererseits. Immer wieder müssen sie ihre erzieherischen Reaktionen daraufhin befragen, ob sie sich noch in der Balance einer zurückhaltenden, aber präsenten Führung befinden oder bereits in die vertrauten Gewässer eines begrenzenden Erziehungsstils »abgedriftet« sind. Der Sog in diese Gewässer ist groß und er führt letztlich immer wieder dazu, dass

>*viele von uns ihre Kinder nicht anders (erziehen), als ihre Vorfahren es schon vor Jahrhunderten praktiziert haben: nach dem Gesetz von Belohnung und Bestrafung. Aber – auch wenn Sie darüber vielleicht noch nicht nachgedacht haben – dieses System geht von der Vorstellung aus, dass das zu erziehende Kind ein unvernünftiges, dummes, unzuverlässiges und minderwertiges Wesen sei, nicht anders zu zähmen als durch Drohung und Bestechung. Und genau dies ist die Erziehungsmethode, der die meisten Eltern heute noch folgen! Sie mag in früheren Zeiten erfolgreich gewesen sein – heute ist sie das nicht mehr, weil sie den gesellschaftlichen Bedingungen moderner Demokratien nicht entspricht« (Dreikurs u. Blumenthal 2010, S. 19 f.).*

Bildung: *Höhere Entwicklung des Selbst*
Erziehung verfolgt letztlich das Ziel, zur Höherentwicklung des Heranwachsenden beizutragen. Damit ist gemeint, dass dieser mehr und mehr zu einer selbstverantwortlich und solidarisch handelnden Persönlichkeit heranreifen kann. Erziehung leistet so einen Beitrag zur Bildung des Kindes oder Jugendlichen.

Sind die vier Voraussetzungen – Begrenzung, Begleitung, Bindung und Bildung – nicht gegeben, sucht sich der Selbstausdruck des Heranwachsenden bisweilen verschlungene, aber auch ver-

111

zweifelte Wege. Disziplinprobleme verweisen zumeist auf einen Mangel in einem dieser vier B-Aspekte. Und Erziehungsexzesse sind Abfuhrmöglichkeiten »aufgestauter Affekte« (Alice Miller 1981, S. 107) der Erziehungsperson – mit bisweilen verheerenden Wirkungen für das Wachstum und die Entwicklung des Einzelnen sowie die gesellschaftliche Kultur unseres Zusammenlebens.

Regel 21: Lass dein Kind bisweilen im Mittelpunkt stehen! Schärfe deinen liebenden Blick!

Kinder und Jugendliche verfügen einerseits bereits über eine Lebensgeschichte, die sie zu der Person hat werden lassen, zu der sie geworden sind, andererseits sind sie noch auf der Suche. Grundlage einer nachhaltigen Erziehung ist deshalb, dass Eltern und Lehrkräfte in der Lage sind, die Kinder und Jugendlichen als Personen zu erkennen und sie nicht nur als unfertige, noch zu entwickelnde Wesen betrachten. Meist tragen wir auch bereits ein mehr oder weniger fertiges Bild von dem kindlichen oder jugendlichen Gegenüber in uns, das unseren Blick einschränkt und verhindert, dass sich unser Gegenüber so zeigen kann, wie es sein will. Eine wichtige Übung für Eltern und Lehrkräfte ist deshalb die Schärfung des liebenden Blickes auf das Gegenüber:

> Oft ist es unser eingeschränkter Blick auf das Gegenüber, der uns die Wirklichkeit erzeugt, über die wir dann verärgert oder bestürzt sind. Wer ständig sein Kind als ein (noch) unfertiges Wesen betrachtet, der darf sich nicht wundern, wenn ihm entgeht, wie sein Kind wirklich in Erscheinung treten kann. Indem ich meinen liebenden Blick als Vater, Mutter oder Lehrer und Lehrerin schärfe, verändert sich mein Gegenüber, denn es dürfen nun auch andere Seiten an ihm in Erscheinung treten. Deshalb gilt: Lassen Sie Ihr Kind immer mal wieder in den Mittelpunkt Ihrer Betrachtungen und Beobachtungen treten!

Die »Schärfung des liebenden Blickes« ist eine stille Übung, die Ihr Kind im Mittelpunkt stehen lässt. Sie kann von Eltern, die nicht weiterwissen, alleine oder in Begleitung ebenso durchgearbeitet werden wie von Lehrerinnen oder Lehrern, die unter einem »schwierigen« Schüler oder einer »schwierigen« Schülerin leiden. Indem Sie Ihren eigenen Blick auf das Kind oder den Jugendlichen überdenken und den Hinweisen folgen, die Ihnen helfen, diesen Blick zu öffnen, verändert sich das Bild, das Sie in sich tragen. Und mit einem veränderten Bild in unserem Herzen sind wir auch in der Lage, anders zu reagieren, bestimmte Ver-

Die Schärfung des liebenden Blickes auf mein Kind bzw. meine Schüler und Schülerinnen	
Lebendigkeit	*Wann zeigt mir das Kind seine Lebendigkeit?* Gemeint sind die stillen Momente, in denen man sein Kind anschaut und spürt, dass dieses Wesen Neues und Einmaliges hervorbringt (neue Fragen, Ideen, Beiträge etc.). Eltern kennen auch das Gefühl, dass mit ihren Kindern ihre eigene Lebendigkeit in einer Form fortdauert, die über das eigene Leben hinausweist.
Identität	*Worin unterscheidet sich dieses Kind von anderen?* Indem ich mein Kind in seiner Einmaligkeit betrachte, begegnet mir seine Identität. Dabei werden die besonderen Potenziale und Talente sichtbar, die mir entgehen, wenn ich nur durch die Leistungs- und Wohlverhaltensbrille auf mein Kind blicke, denn dieser Blick fokussiert auf die Defizite, Abweichungen und »Noch-Nichts«.
Entwicklung	*Wie hat sich dieses Kind in den letzten 2–3 Jahren entwickelt?* Meine Ungeduld und die Alltagsbelastung führen oft dazu, dass ich die Entwicklungen übersehe, die mein Kind in den letzten Jahren und Monaten durchlaufen hat. Ich nehme mir Zeit, mein Kind zu betrachten und achte bewusster auf die Fortschritte in seinem Verhalten.
Begabung	*Was kann dieses Kind besonders gut?* Jeder Mensch verfügt über besondere Fähigkeiten und Begabungen. Ich bin mir der Tatsache bewusst, dass man Begabungen nicht »hat«, sondern »begabt« wird. Aus diesem Grunde bemühe ich mich darum, mein Kind zu begaben, indem ich seine besonderen Fähigkeiten wertschätze.
Erscheinung	*Wie bewegt dieses Kind mich und andere?* Jeder Mensch wirkt und bewirkt durch sein spontanes In-der-Welt-Sein. Wie wirkt mein Kind auf mich? Was lerne ich durch seine Art und sein Verhalten? Welches Bild trage ich von ihm in mir? Was verstellt mir dieses Bild? Kann ich mein Kind auch anders und neu zu sehen beginnen?

haltensweisen nicht allzu stark zu gewichten und insgesamt mehr auf die positiven Seiten des erzieherischen Gegenübers zu blicken.

Ein Vater berichtete in einer Elterngruppe: »Also erst mal wollte ich mir diese vielen Fragen gar nicht stellen. Irgendwie war in mir dieses Gefühl: ›Was soll das? Verdient hat mein Junge das nicht, dass ich so liebevoll auf ihn blicke, nach allem, was er uns so zumutet‹. Aber dann war es doch irgendwie bewegend zu spüren, wie plötzlich ein warmes Gefühl in mir entstand. Und ich musste auch daran denken, wie ich selbst als kleiner Junge gewesen bin. Wenn ich ehrlich bin, habe ich meinen Eltern so manche schlaflose Nacht bereitet. Und am schönsten war, als ich über all die Besonderheiten meines Jungen nachdachte. Plötzlich verlor unser Problem, über das ich hier sprechen wollte, sein Gewicht, und es machte sich eine Leichtigkeit in mir breit, so nach dem Motto: ›Mensch, das Leben mit Kindern ist halt manchmal schwierig, aber ich möchte nicht ohne meine Kinder sein!‹ Als ich dann nach Hause kam, war mein Junge auch irgendwie anders. Ich glaube, er hat gespürt, dass ich mich für ihn interessiere, und zeigte sich mir von ganz neuen Seiten. Aber vielleicht ist es ja auch nur so gewesen, dass ich bislang so vieles an ihm übersehen habe, weil ich immer so darauf geachtet habe, ob er auch alles richtig macht. Wenn ich ehrlich bin, habe ich innerlich immer damit gerechnet, dass er schon wieder nachts das Licht brennen lässt, die halbe Nacht an seinem PC verbringt oder zu spät aufsteht. Verrückt, seit ich auf anderes achte, passiert das aber kaum noch. Das ist irgendwie gespenstisch!«

Gespenstisch ist diese Wirkung nicht, sondern verstehbar. Kinder und Jugendliche brauchen in ihrer Suchbewegung unseren Blick, d. h. sie spüren, ob und wie wir auf sie schauen und tun deshalb das, womit sie für uns sichtbar werden können. Und durch unsere bevorzugte Art, auf das Kind oder den Jugendlichen zu blicken, öffnen wir ihm eine Bühne, auf der es oder er in Erscheinung treten kann. Andere Bühnen halten wir ihm demgegenüber verschlossen. So können »schwierige« Schüler meist gar nicht mehr anders in Erscheinung treten als durch ihre Störungen, denn unser Blick ist bereits »auf Störung gerichtet«. So erzeugt unsere heimliche Befürchtung genau das, was wir befürchten – ein Effekt, den die Kommunikationstheorie als »selbsterfüllende Prophezeiung« bezeichnet.

Lernen, den Spieß umzudrehen

Durch den Effekt der »selbsterfüllenden Prophezeiung« unterstützen Eltern und Lehrkräfte bisweilen ungewollt genau das Verhalten ihres Kindes, das sie doch gleichzeitig so sehr zu verändern bemüht sind. Der Mechanismus, der dann greift, lässt sich auf Folgendes zurückführen: »Das, was ich befürchte, tritt allein deshalb ein, weil ich es tief im Herzen erwarte.« Wer diesen Effekt verstanden hat, kann ihn für sich nutzen, indem er den Spieß einfach umdreht.

Das Alte wird dann obsolet, d. h. überflüssig. Der österreichische Philosoph Ludwig Wittgenstein, der diesen Weg zur Veränderung der Wirklichkeit ebenfalls erkannt hatte, schrieb dazu:

> *»Aber wie konnte durch das neue das alte obsolet werden? – Wir sehen nun etwas anderes und können nicht mehr naiv weiterspielen« (Wittgenstein 1956, S. 100).*

Eltern und Lehr- und Erziehungskräfte können üben, den Spieß umzudrehen. Letztlich heißt das, dass sie von der alten zu einer neuen Form des Umgangs mit der problematischen Situation umzuschalten lernen.

Übung: Den Spieß umdrehen	
Im Alten	**Im Neuen**
Was stört Sie am meisten an dem Verhalten Ihres Kindes?	Stellen Sie sich eine Situation vor, in der Sie rundum zufrieden waren mit dem, was Ihr Kind getan hat!
Stellen Sie sich vor, Ihr Kind könnte nicht anders, weil es etwas in sich trägt, wofür es nichts kann!	Nehmen Sie die unangenehmen Verhaltensweisen als das, was sie sind: Impulse, denen Ihr Kind folgt aus Gründen, die Sie nicht verstehen, aber zu denen es sich nicht bewusst entschieden hat.
Beobachten Sie sich: Wann setzt Ihr Ärger ein und worüber ärgern Sie sich genau?	Bevor Sie Ihrem Ärger Ausdruck verleihen: Rufen Sie sich stets die Situationen der Freude über Ihr Kind in Erinnerung! Blicken Sie durch dieses Bild auf die ärgerliche Situation!
Schreiben Sie Ihre aktuelle Enttäuschung in einem Satz auf (z. B. »Ich bin traurig und enttäuscht darüber, dass mein Kind mich belogen hat!«)	Versuchen Sie diesen Satz mit einem positiven Zusatz zu versehen (z. B. »Mein Kind kann liebevoll mit mir umgehen, und es hat mich belogen!«)
Indem Sie lernen, neu mit ärgerlichen Situationen umzugehen, verändern sich diese Situationen, denn Sie stellen Ihr Kind als Ganzes in den Mittelpunkt und nicht sein für Sie ärgerliches Verhalten!	

Indem Eltern und Lehrkräfte in neuer Weise auf das Kind oder den Jugendlichen blicken, verliert die ärgerliche Situation viel von ihrem bisherigen Charakter. Denn plötzlich steht das Kind im Mittelpunkt, nicht (nur) sein Verhalten. Dadurch können neue Lösungswege erkannt und gemeinsam beschritten werden.

Regel 22: Verbessere die heimlichen Erziehungswirkungen des Umfeldes, in dem deine Kinder heranwachsen!

Kinder und Jugendliche entwickeln ihre Persönlichkeit und ihre Fähigkeiten nicht durch die Anleitung, sondern durch die Anregungen, die von der Umwelt, in der sie leben, ausgehen. Diese Umgebung ist eine Welt, die von den Erwachsenen geprägt und gestaltet wird. In ihnen nehmen Vater und Mutter oder deren jeweilige Lebenspartner, aber auch Erzieherinnen und Erzieher oder Lehrerinnen und Lehrer eine herausragende Stellung ein, denn mit ihnen leben Kinder und Jugendliche zusammen. Kinder beobachten und imitieren das Verhalten dieser relevanten Erwachsenen, bei Jugendlichen gewinnt der Freundeskreis an Einfluss – es ist dieser heimliche Lehrplan des Erlebens, aus denen Kinder und Jugendliche gleichermaßen die Orientierungen und Verhaltensmuster für ihr eigenes Aufwachsen beziehen.

Eine Mutter berichtete über ihren 23-jährigen Sohn: »Kevin ist in vielem wie mein Mann. Wenn man ihn reden hört, hat er sogar eine ähnliche Stimme. Und wenn man mit ihm diskutiert und er seinen Kopf durchsetzen will, dann setzt er dieselbe Mischung von Charme und Hartnäckigkeit ein, die ich bei seinem Vater immer schon bewundert habe. Diese Ähnlichkeit ist wirklich unglaublich! Gleichzeitig fällt mir aber auch auf, wie unsicher Kevin oft noch ist. Wenn man mit ihm schimpft, ist das immer ganz schlimm für ihn, so als fühle er sich nicht mehr geliebt. Dann ist das coole Verhalten plötzlich wie weggeblasen, und dann spüre ich ganz deutlich, dass er eben doch noch ein Junge ist.«

Solche oder ähnliche Eindrücke kennen viele Eltern. Und diese Eindrücke zeigen uns, wie wir unsere Kinder – ohne dass uns dies stets bewusst ist – einfach durch unsere eigene Art beeinflussen. Das ist ein unvermeidbarer Effekt, den wir nur beein-

flussen können, indem wir uns selbst dabei beobachten, wie die
»heimliche Erziehung«, der wir unsere Kinder aussetzen, gestaltet ist.

*Nachhaltige Erziehung achtet deshalb zunehmend weniger auf
die ausdrückliche Anleitung, Ermahnung oder Führung der
Nachwachsenden (Motto: »Wie sage ich es meinem Kinde?«),
sondern fragt stärker nach den indirekten Botschaften und den
Verhaltensräumen, an denen wir Kinder und Jugendliche beteiligen und sie miterleben und mitgestalten lassen (Motto: »Was
zeige ich meinen Kindern durch die Art, wie ich mit ihnen zusammenlebe?«)*

Was zeige ich meinen Kindern durch die Art, wie ich mit ihnen zusammenlebe?

Dimensionen einer nachhaltigen »heimlichen« Erziehung	Ich sorge dafür, dass meine Kinder bzw. Schülerinnen und Schüler	häufig	selten	nie
Natürlichkeit	... einen natürlichen und vertrauensvollen Umgang miteinander erleben			
	... den offenen und lösenden Umgang mit Konflikten beobachten können			
	... Raum für gemeinsames Erleben finden			

Ängste vermeiden	... ihre Ängste und Befürchtungen artikulieren lernen			
	... spüren, wie hilfreich es sein kann, sich anderen anzuvertrauen			
	... niemals durch mich in beängstigende Situationen geraten			
Herzlichkeit	... mir ihr Herz öffnen und vertrauen können			
	... mich als Menschen erleben und mit mir in Berührung kommen können			
	... meine Freude am Leben erkennen und spüren können			
Echtheit	... erkennen können, wie ich tatsächlich fühle und empfinde			
	... sehen können, worüber ich mich freue oder ärgere			
	... mein echtes Interesse an dem, was sie bewegt und interessiert, spüren können			

Wer mit solchen oder ähnlichen Fragen das Erziehungsklima des erzieherischen Umfeldes, das er als Vater, Mutter oder Lehrender den Kindern und Jugendlichen schafft, ehrlich und selbstkritisch geprüft hat, der kann sich darum bemühen, die heimlichen Erziehungswirkungen, die von diesem Umfeld ausgehen, gezielt zu verbessern. Dies ist insbesondere dann dringend notwendig, wenn Sie bei einer oder mehreren der »NÄHE«-Dimensionen zu der Einschätzung gelangen, diese »selten« oder »nie« zu gewährleisten. Denn die wichtigsten Impulse für das Aufwachsen und Erleben gehen nicht von dem Ausdrücklichen (Ermahnungen, Erklärungen etc.) aus, sondern von diesem Umgangserleben.

Nachhaltige Erziehung lebt zu 80 Prozent von dem, wie Sie erziehen, wenn Sie nicht erziehen, sondern einfach mit den Kindern und Jugendlichen umgehen. Es sind die Natürlichkeit und Angstvermeidung sowie Ihre Herzlichkeit und Echtheit, durch die Sie Ihrem Kind einen Rahmen schaffen, in dem es sich entwickeln und erproben kann. Die eigentlichen Erziehungswirkungen werden durch diesen Rahmen gestiftet, Erziehung wirkt also indirekt.

Wege zur Gestaltung einer erzieherischen Nähe

Wenn Sie erkennen, dass dieser Rahmen nur unvollständig entwickelt ist, dann sollten Sie sich darum bemühen, die Bereiche gezielt zu verändern. Dabei können die nachfolgenden Vorschläge helfen.

Wege zur Gestaltung einer erzieherischen Nähe	
Natürlichkeit	• Schaffen Sie Situationen, in denen Sie mit Ihren Kindern herumalbern! • Lassen Sie Ihre Kinder auch an dem teilhaben, was Ihnen Freude macht (Hobbys etc.)! • Zeigen Sie Ihren Kindern, wie Sie das Leben genießen und meistern! • Lassen Sie Ihre Kinder auch daran teilhaben, wie Sie mit Ihrem Ärger oder Ihren Konflikten umgehen! • Trauen Sie Ihren Kindern im Alltag etwas zu, bei dem sie spüren können, wie wichtig sie sind!

Ängste vermeiden	• Zeigen Sie Ihren Kindern, dass Sie die Gefühle der Angst kennen, aber auch Wege aus der Angst finden! • Widmen Sie sich den Sorgen und Ängsten Ihrer Kinder, ohne ihnen ihre Gefühle wegnehmen oder ausreden zu wollen! • Vermeiden Sie Drohungen oder Situationen, in denen Ihre Kinder nicht wissen, was auf sie zukommen wird!
Herzlichkeit	• Drücken Sie Ihre Liebe, Wertschätzung und Freude gegenüber anderen Menschen aus, denn das Kind lernt nicht nur aus der Zuwendung, die Sie ihm selbst schenken, sondern auch aus der, die Sie anderen schenken! • Denken Sie bei allen Reaktionen gegenüber Ihrem Kind auch daran, wie sehr Ihnen sein Wachstum und Wohlergehen am Herzen liegen! • Lassen Sie Ihr Kind Beziehung erleben, indem Sie ihm Zeit widmen, zuhören und ermutigen!
Echtheit	• Zeigen Sie Ihrem Kind, wie Sie mit Ihren Fehlern umgehen! • Erzählen Sie Ihrem Kind von sich selbst und Ihrem Leben! • Zeigen Sie ihm, dass das Leben einen immer wieder mit neuen Anforderungen, aber auch Enttäuschungen konfrontiert, die überwunden werden wollen!

Indem Sie sich derart um eine gezielte Veränderung der heimlichen Erziehung bemühen, die Ihre Kinder erleben, weil sie mit Ihnen zusammenleben, Sie beobachten, mit Ihnen in Beziehung stehen, sich ausprobieren und zugehörig fühlen können, treten Sie in den Bereich der Erziehungswirkungen ein: *Sie gestalten und verbessern den Nährboden jeglicher Erziehung.* In diesem Sinne ist Erziehung ein »Programm helfender Rücksichtnahme« (Callo 2002, S. 22). Dieses Programm wirkt nur zu kleineren

Teilen durch professionelle Vorkehrungen oder Interventionen, seine eigentliche Wirkungsbasis ist vielmehr eine informelle. Wir erziehen gerade dann, wenn wir uns dessen nicht bewusst sind, und wir erziehen durch die Art und Weise, wie wir den Alltag gestalten, den unsere Kinder miterleben. Dies gilt auch und gerade für die Gestaltung des Schulalltags, der meist nach administrativen Erfordernissen abläuft, wodurch die Schülerinnen und Schüler »heimlich« lernen, dass Lernen eine Veranstaltung ist, der man sich fügen muss, und keine Aktivität, mit der wir unsere Lebensenergie ausdrücken. Deshalb lernen Kinder und Jugendliche auch in der Schule nicht nur das, was wir erwarten, sondern sie erwerben häufig auch eine »gelernte Hilflosigkeit« nach dem Motto: »Nicht für das Leben, sondern für die Schule lernen wir!«. Und das ist eine verhängnisvolle Lektion für eine Lerngesellschaft.

Regel 23: Halte auch Distanz zu deinen Kindern: Erziehung lebt von Nähe und Distanz!

Kinder zu erziehen, heißt auch, Kinder aus der Distanz beobachten und betrachten zu können, denn: »Erziehung lebt von Distanz *und* Nähe!« Diese Regel fällt vielen Eltern schwer. Sie folgen unbewusst einem Nähe-Ideal von Erziehung, das aber auch zu einer Distanzlosigkeit gegenüber den Kindern verführen kann, aus der heraus keine wirkliche Erziehung möglich ist. Wer einem anderen Menschen distanzlos zugetan ist, der bezieht sich auf diesen Menschen so, wie dieser ist, und bemüht sich darum, ihn in seinen Ausdrucksbewegungen zu unterstützen und zu begleiten. Dies kann man mit Erich Fromm »Die Kunst des Liebens« als den Kern jeglicher Liebe beschreiben. Diese Form von Liebe ist jedoch nur ein Teil der Liebe, die zwischen Eltern und Kindern fließt. Denn elterliche Liebe ist immer auch Ausdruck einer stellvertretenden Verantwortung. Eltern kümmern sich aktiv um die Zukunft ihrer Kinder. Sie wissen, dass ihre Kinder durch ihr Verhalten zwar ausdrücken, was in ihnen ist, sie wissen aber auch, dass dieser Ausdruck noch Teil einer Suche ist.

Ihre Fürsorge benötigt allerdings den distanzierten Blick auf das eigene Kind. Wer ganz eng mit seinem Kind verbunden ist, aber nicht zugleich zu einem distanzierten Blick in der Lage ist, läuft Gefahr, sein Kind zu überhöhen und dessen Sichtweisen als letzte Instanz anzunehmen, ohne das, was das Kind oder der Jugendliche tun, in dem größeren Rahmen eines selbst verantworteten Lebensentwurfs zu deuten und auch zu hinterfragen. Eine solche Schon- und Überhöhungshaltung ist häufig bei Einzelkind-Familien oder auch bei alleinerziehenden Elternteilen zu beobachten. Letztlich beeinträchtigt eine übertriebene Nähe und Schonung, mit der man sein Kind umgibt, auch dessen Entwicklungschancen. Indem man die »raue« Wirklichkeit von seinem Kind fernhält und es keiner Distanzerfahrung aussetzt, versäumt man, es angemessen auf die Welt vorzubereiten.

Den distanzierten Blick üben

Üben Sie den distanzierten Blick auf Ihr Kind! Fragen Sie sich, ob Sie es mit realistischen Augen sehen. Nutzen Sie die Wahrnehmungen und Kommentare der anderen, um sich ein genaueres Bild von den Möglichkeiten und Grenzen Ihres Kindes zu machen! Erst mithilfe eines solchen Bildes können Sie Ihr Kind bei seinen Schritten hilfreich begleiten!

Nähe	Distanz
Mein Kind vertraut mir. Es teilt sich mir mit, und ich höre zu und kann seine Suchbewegung mit- und nachvollziehen. (Motto: »Sprich zu mir, ich bin immer da!«)	Ich kann mein Kind auch mit »fremden Augen« sehen und beobachten. Dabei fällt mir auf, wie es sich im Leben bewegt, zu welchen Anmaßungen, Übertreibungen und Selbstüberschätzungen es neigt. (Motto: »Ich sage dir, was ich von dir erwarte!«

Nähe-Distanz-Balance
Es gelingt mir meistens, die Balance zwischen Nähe und Distanz zu wahren. Dadurch biete ich meinem Kind einerseits einen Vertrauensrahmen, der ihm das Gefühl gibt, in all seinen Bewegungen grundsätzlich geliebt und aufgefangen zu sein. Andererseits sage ich meinem Kind aber auch deutlich, was ich von ihm erwarte, und ich halte mich nicht in falscher Rücksichtnahme mit deutlichen Worten zurück.

Eine alleinerziehende Mutter von vier Kindern war mit ihrem Jüngsten in ganz besonderer Weise innerlich verbunden. Mit ihm hatte sie über viele Jahre allein gelebt und dabei auch eine Art eingespielter Zweisamkeit entwickelt. Der Näheaspekt in ihrer Beziehung war dadurch sehr subtil und tief entwickelt. Beide hörten, wie die Mutter es ausdrückte, »das Gras in ihren Seelen wachsen«, und sie habe das Gefühl, dass zwischen sie und ihn »kein Blatt Papier passe«. Als ihr mittlerweile 20-jähriger Sohn anfing, sich mit schriller und auch ichbezogener Rücksichtslosigkeit von ihr abzugrenzen, konsultierte sie einen Erziehungsberater. Dieser wurde bei solchen Formulierungen hellhörig und übte mit ihr die Schritte in eine erzieherische Distanz. Er sagte: »Wenn Sie mitten im Wald stehen, erkennen Sie den Wald vor lauter Bäumen nicht! Aber als Mutter müssen Sie sich auch um den Überblick bemühen und in Distanz zu Ihrem Sohn gehen. Erst aus der Distanz wird die Nähe zu Ihrem Kind die Kraft entwickeln, die Sie sich von ihr versprechen.«

Wirksame Erziehung setzt Nähe und Distanz voraus. Wenn Sie zu nah stehen, sehen Sie nicht die tatsächliche Bewegung Ihres Kindes und sind ihm gerade deshalb oft nicht nah.

Ein weiteres wichtiges Thema ist in diesem Zusammenhang die Frage nach der Ebene, auf der Sie Ihr Kind sich selbst gegenüber positionieren. Immer wieder trifft man hier auf dieselben Fehler von Eltern: Sie räumen ihrem Sohn oder ihrer Tochter einen quasi ebenbürtigen Platz »an ihrer Seite« ein – ein Verhalten, das zu einigen Verwirrungen in den Seelen der Kinder und Jugendlichen führen kann.

In der systemischen Familientherapie wird häufig mit Familienbildern gearbeitet, in denen die Eltern nebeneinander auf einer Ebene stehen und – aus einiger Distanz – auf ihre Kinder blicken, die nebeneinander vor ihnen stehen. Diese Aufstellung ist natürlich ein inneres Bild, in dem allerdings zum Ausdruck kommt, in welcher Weise eine Familie in den Herzen der Beteiligten geordnet ist. Oft entspricht diese Ordnung aber nicht dem skizzierten Bild, das die Eltern auf einer anderen Ebene sieht als ihre Kinder. Da kann es sein, dass der Sohn innerlich ganz nah bei der Mutter steht, ihr Vertrauter und Gesprächspartner ist, während der Vater sich auch innerlich eher in Distanz zum Geschehen befindet. Verbreitet sind aber auch Fälle, in denen die Tochter ganz eng bei ihrem Vater steht und seine ganze Freude und Stolz ist, während seine eigene Frau fernab steht und das Geschehen beobachtet. Durch solche Allianzen zwischen Kindern zu einem Elternteil gerät oft so manches in Unordnung – insbesondere in den Seelen der Kinder. Diese erleben ihre Väter oder Mütter als bedürftig und spüren, dass sie für deren Freude oder gar deren Trost zuständig sind, wodurch sie auf eine fast ebenbürtige Ebene zu ihren Eltern geraten. Und es gibt auch Fälle, in denen durch diese Konstellation der inneren Bilder der Elternteil, der die Näheposition zu seinem Partner oder seiner Partnerin gewissermaßen »besetzt« findet, selbst in eine eher kindliche Position gerät: Er muss sich dann beispielsweise von seinem Sohn ermahnen lassen, weil dieser aufgrund seines inneren Bildes von der Familiensituation nicht wirklich weiß, wer er ist und welche Position er eigentlich einnimmt.

Indem Sie dafür sorgen, dass in Ihrer eigenen Familie die Beziehungen »stimmen« – das also die Beziehungsmuster, die zwischen den Eltern herrschen, nicht mit denen vermischt werden, die Eltern zu ihren Kindern gestalten –, schaffen Sie erst die Basis, auf der eine nachhaltige Erziehung möglich wird. Denn in Kindern, die ihre eigentliche Position nicht spüren, können erzieherische Maßnahmen auch nicht wirklich wirken. Erziehung setzt auch die Fähigkeit zur Distanz gegenüber dem zu erziehenden Kind oder Jugendlichen voraus.

In einer Patchwork-Familie gelingt es dem neuen Mann nicht wirklich, eine erzieherische Position zu dem halbwüchsigen Sohn aus der ersten Ehe seiner Frau einzunehmen: »Die beiden sind wie eine verschworene Gemeinschaft. Wenn ich den Sohnemann ermahne oder auch mal ein ernstes Wort mit ihm reden will, kommt es sofort zu einem Konflikt mit meiner Frau, die ihren Sohn verteidigt und mir vorwirft, ich hätte irgendetwas gegen ihn. Wenn Sie mich fragen, herrscht da ein ziemliches Durcheinander in der Seele des Jungen. Deshalb nimmt er sich auch so ziemlich alles raus und kommt mir auch immer wieder blöd. Ich habe es mittlerweile aufgegeben und warte darauf, dass sich das Problem in drei Jahren auflöst, wenn er sein Abitur hat.«

127

Überprüfung des eigenen Verhaltens

Checkliste zur Prüfung der eigenen erzieherischen Distanzierungsfähigkeit			
Frage	*oft*	*selten*	*nie*
Ich sage meinem Kind häufig, was ich eigentlich von ihm erwarte und wie ich sein Verhalten bewerte			
Ich stehe meinem Partner bzw. meiner Partnerin zur Seite, wenn er oder sie ein erzieherisches Thema mit meinem Kind hat			
Ich vermeide es, dass mich mein Kind »um den Finger wickelt«			
Ich höre aufgeschlossen zu, wenn andere (z. B. Lehrerinnen und Lehrer) berechtigte Kritik an meinem Kind äußern, und bemühe mich ruhig um Aufklärung			
Ich bin in meinen Erziehungsmaßnahmen konsequent			
Ich kann erreichen, dass mein Kind respektvoll mit mir und meinem Partner bzw. meiner Partnerin redet			
Ich schreite ein, wenn mein Kind seine Position verlässt und sich ungebührend aufführt			

Diese Checkliste dient Ihnen zur Überprüfung des eigenen Verhaltens in der erzieherischen Beziehung zu dem Kind, das Sie lieben und für das Sie Verantwortung tragen. Alle »selten«- oder »nie«-Angaben weisen auf die Punkte, bei denen Sie etwas für die Klarheit der Beziehung zu Ihrem Kind tun können. Erziehungserfolg lebt auch und in oft entscheidendem Maße von der Beziehungsklarheit!

Regel 24: Unterstütze Kinder und Jugendliche in ihrer Fähigkeit zur Selbsterziehung, indem du deine Idealisierungen und Befürchtungen zu durchschauen lernst!

Erziehung wirkt über die Erfahrungen, die wir unseren Kindern und Jugendlichen ermöglichen. Aus diesem Grunde können Selbstdisziplin, Selbstständigkeit und Selbstverantwortung sich auch nur entwickeln, wenn wir ihnen Raum lassen und sie nicht am Gängelband führen oder gar tyrannisieren. Diese Einsicht ist das bestechende Gegenargument gegen alle möglichen Formen von Disziplinierung, wie sie noch immer manche Erziehungsratgeber propagieren. »Selbstdisziplin erwirbt man durch Freiheit« (Arnold 2007, S. 74), nicht durch Disziplinierung. Disziplinierung tendiert vielmehr zu erzieherischen Eskalationen, die zwar den Eltern, Lehrkräften und Erziehungsverantwortlichen die bereits erwähnten »Abfuhrmöglichkeiten aufgestauter Affekte« (Alice Miller 1981, S. 107) eröffnet, aber auch oft das Vertrauen der Kinder und Jugendlichen beeinträchtigen. So können wir in Sekundenbruchteilen eine Beziehungsbrücke zu unseren Kindern und Jugendlichen zerstören, für deren Entwicklung wir Jahre benötigt haben.

Bedenken Sie, dass erzieherische Eskalationen (Anbrüllen, Zusammenstauchen, Abstrafen etc.) eher Ihrer eigenen Aggressionsabfuhr dienen als dem erzieherischen Anlass. Sie sind – selbst, wenn sie eine kurzfristige Einschüchterung des Gegenübers erreichen – nicht nur erschreckend wirkungslos, sondern können auch innerhalb kürzester Zeit die Beziehungsfäden zerstören, die Sie jahrelang aufgebaut haben. Verängstigung, Drohung und Einschüchterung zerstören zudem den Stoff, aus dem das Gelingen jeglicher Erziehung besteht: der Stoff des »Ich bin o. k. und bewirke etwas!«.

Ein Elternpaar berichtete über die zunehmenden Schwierigkeiten mit ihrem halbwüchsigen Sohn Manuel: »Also irgendwie ist das alles sehr enttäuschend für uns. Früher beteiligte sich Manuel noch an unserem Familienleben, heute verkriecht er sich immer in sein Zimmer. Und wenn er im Haushalt helfen soll, dann ignoriert er unsere Aufforderung meistens oder giftet uns an, dass wir ihn doch in Ruhe lassen sollten!«, erzählte der Vater. Die Mutter ergänzte mit traurigem Blick: »Manchmal frage ich mich, wo mein Junge geblieben ist. Der Halbwüchsige, der bei uns ein und aus geht, hat nichts mit dem süßen und zärtlichen Kind zu tun, das er einmal gewesen ist!«

Die Enttäuschung der Eltern ist in diesem Beispiel deutlich spürbar. Die Frage des Beraters, *»könnte es sein, dass Manuel sich bloß abgrenzt und versucht, erwachsen zu werden?«*, führte nur zu einem resignierten Kopfschütteln von Vater und Mutter. Doch der Berater ließ nicht locker und fragte weiter:

»Könnte es sein, dass Sie an Ihrem Bild von Ihrem Jungen festzuhalten versuchen und dieses Bild zwischen Ihnen und Ihrem Sohn steht und die Beziehung stört?« Der Vater entgegnete gereizt: »Jetzt sollen wir es sein, die Schuld an dem ganzen Zerwürfnis tragen?« – »Nein, aber gerade für die Eltern ist es oft schwer, die Suche ihrer Kinder nach dem eigenen Weg mitzuvollziehen. Und nach meiner Erfahrung verlaufen diese Abgrenzungsbewegungen von Jugendlichen um so ›härter‹, je ›süßer‹ und ›zärtlicher‹ diese als Kinder gewesen waren, wenn ich Ihre Worte aufgreifen darf.«

Wenn Sie etwas bekümmert, dann beobachten Sie zunächst, welche Bilder Sie von Ihrem Kind im Herzen tragen. Bemühen Sie sich zu spüren, welches dieser Bilder Ihr Kind ausdrücken will.

Übung zur Bildersuche

Die Übung »Bildersuche« besteht aus drei Lektionen. Zunächst wird die Idealisierung des eigenen Kindes aufgedeckt. Sie ist weit verbreitet, denn fast alle Eltern tragen ein Bild von »ihrem Jungen« oder »ihrem Mädchen« in sich. Selten jedoch werden sie sich der Tatsache bewusst, dass es dieses Bild ist, das es ihnen schwer macht, das so ganz andere Verhalten ihres Kindes »angemessen« zu beobachten. Sie blicken gewissermaßen durch die eigenen Idealisierungen auf die Kinder und können sie deshalb nicht ohne eine gleichzeitige Bewertung betrachten. Dadurch wird allerdings ein Teufelskreis in Gang gesetzt: Die Eltern sehen nicht ihr Kind, sondern bloß dessen Abweichung von ihrem Idealbild, und dieses Verkennen wiederum führt dazu, dass ihr Kind sich »nicht gesehen« fühlt und innerlich immer mehr auf Distanz geht. Das wiederum wird von den Eltern als schmerzliche Abweichung erlebt. Das alles führt zum Teufelskreis der wechselseitigen Enttäuschungen.

Bildersuche oder: Zehn Fragen zur Entbilderung		
Die Erziehungsbilder, die »das Problem« entstehen lassen	Fragen	Risiken und Nebenwirkungen
Mein Ideal (»mein Junge«, »mein Mädchen«)	• Sammeln Sie die Eigenschaftswörter, mit denen Sie Ihre Erwartungen an Ihr Idealkind treffen beschreiben	• Was tun Sie Ihrem Kind ungewollt an, wenn Sie es bevorzugt an Ihrem Idealbild messen?
Lektion A: »Worum es mir eigentlich geht«	• Beschreiben Sie ein Zukunftsbild zu der Frage: »Wie wird mein Kind in zehn Jahren leben?«	• Welche Gefühle beschleichen Ihr Kind, wenn es das spürt?

Meine Furcht	• Was befürchten Sie a) für sich selbst und b) für Ihr Kind, wenn die »problematischen« Verhaltensweisen andauern?	• Wer oder was nährt Ihre Befürchtungen, und was haben diese Überlegungen wirklich mit Ihrem Kind zu tun?
Lektion B: »Meine Furcht dient in erster Linie mir«	• Malen Sie bitte »den Teufel an die Wand« und fragen Sie: »Wo wird mein Kind landen, wenn es so weitermacht wie jetzt?«	
Sein Idealbild	• Beschreiben Sie mit nichtwertenden Worten: »Wonach strebt mein Kind gerade?«	• Begrüßen Sie diese Vorstellungen oder werten Sie sie in Ihren inneren Monologen und vor Ihrem Kind ab?
Lektion C: »In jeder Abgrenzung steckt ein Nein zum Bisherigen«	• Wie stellt sich Ihr Kind sein Leben in zehn Jahren vor?	

Erziehung gelingt nicht so, wie die Erziehungsverantwortlichen sich das wünschen, sondern ausschließlich in Interaktion mit den Bedingungen des Kindes. Eltern, Lehrkräfte und Erziehungspersonal müssen deshalb ihren eigenen Idealisierungen oder auch Dogmen (»Das gehört sich nicht«) nachspüren und erkennen, wie diese ihre Erziehungswirksamkeit verhindern. Nur indem wir uns darum bemühen, das Kind oder den Jugendlichen aus seiner eigenen Bewegung heraus zu verstehen, können wir sie auch begleiten und unterstützen.

»Die Bilderübung ist mir wirklich schwergefallen. Ich hatte das Gefühl, erst einmal ganz viel an eigenen Vorstellungen und Erwartungen in mir selbst wegräumen zu müssen, bevor ich überhaupt die Frage danach zulassen konnte, was meinen Jungen bewegt«, so Manuels Vater, der die Bilderübung immer dann machen sollte, wenn ihm das Verhalten seines Sohnes mal wieder völlig unverständlich blieb und unmöglich vorkam. »Schon komisch, dass ich erst so viel entrümpeln musste, um in der Erziehung meines Sohnes wirksamer zu werden. Heute habe ich begriffen, dass jede Erziehung eine Selbsterziehung ist, und ich habe gelernt, die Suchbewegung meines Jungen zu beobachten – ohne sie gleich schon zu bewerten. Es war für mich überraschend festzustellen, dass ich dadurch plötzlich ein neues Interesse an dem fand, was er so tut und denkt – eine schöne Erfahrung«.

Der Vater drückt aus, was uns auch die Wissenschaft sagt: Man kann Kinder nicht wirklich – ohne Risiken und Nebenwirkungen – erziehen, man kann lediglich ihre Selbsterziehung beobachten und unterstützen.

Unterstützung wird aber erst möglich, wenn wir als Erziehende die drei Lektionen »Worum es mir eigentlich geht«, »Meine Furcht dient in erster Linie mir« und »In jeder Abgrenzung steckt ein Nein zum Bisherigen« erfolgreich bearbeitet haben. Mit ihrer Hilfe verändert sich unser Blick auf die Erziehung: Wir verkennen sie nicht länger als Auftrag, dem wir unbedingt nachkommen müssen (und können), sondern als Möglichkeit, Kinder und Jugendliche bei ihrer Selbsterziehung zu begleiten.

Regel 25: Meide die Sackgassen der Erziehung!

Die erziehungswissenschaftliche Forschung zeigt uns eindrucksvoll: Direkte Erziehung, durch Ermahnung, Strafe, Gespräch usw. ist wirkungsunsicher und – was uns noch viel nachdenklicher stimmt – auch nicht frei von Risiken und Nebenwirkungen. Dies bedeutet: Es ist schwer vorauszusagen, wie eine direkte oder konfrontierende Erziehungsmaßnahme wirkt, denn zu viele Rahmenbedingungen spielen dabei ganz offensichtlich eine bestimmende Rolle. Auf diese Rahmenbedingungen kann man achten, allerdings gelingt es aber nur mit einiger Übung, mit ihnen so umzugehen, dass die Wirkungen einer Erziehungsmaßnahme wahrscheinlicher werden.

So ist es z. B. entscheidend:

- ob die erzieherische Intervention unmittelbar auf das abweichende Verhalten folgt oder womöglich erst am Abend (durch den Vater) zu Hause (*Die Wirkungschance ist gleich null, wenn Sie erst verspätet oder durch einen Stellvertreter reagieren*),
- in welchem Ton und mit welcher Geste das Kind oder der Jugendliche dabei angesprochen werden (*beziehungsabbrechende und »beschimpfende« Töne verschließen die Aufnahmebereitschaft des Kindes oder Jugendlichen*),
- ob die Reaktion entschlossen daherkommt und auch tatsächlich in einem konsequenten Verhalten mündet oder bloß Ankündigung bleibt (*Angekündigte Erziehungsmaßnahmen sind stumpfe Erziehungsmaßnahmen*), und
- ob man es mit der Erziehungsmaßnahme danach »gut« sein lässt und mit dem Kind »in Beziehung bleibt« (*Nachtragendes Verhalten ist kein Erziehungsverhalten*).

Auswege üben

In einer Übersicht lassen sich die folgenden Auswege aus Wirksamkeits-Sackgassen im Erziehungsverhalten definieren und üben.

Sackgassen der Erziehung	Auswege	Übungen
Die »Warte-nur-bis-der-Vater-kommt«-Reaktion *Die Wirkungschance ist gleich null, wenn Sie erst verspätet oder durch einen Stellvertreter reagieren*	**Selbst erziehen hält besser!** Durch Erziehung gestalten wir die Beziehung zu unseren Kindern. Erziehung ist somit nicht delegier- oder vertagbar.	(1) Gehen Sie nach dem Prinzip vor: »Störungen werden sofort besprochen!« Nutzen Sie solche Gespräche, um deutlich zu artikulieren, was Sie stört und was Sie deshalb zu tun gedenken! (2) Nur Sie selbst können ausdrücken, was Sie (im Verhalten Ihres Kindes) stört. Sie dürfen nicht anderen die Verantwortung dafür übertragen!
Die »Du-bist-schlecht«-Reaktion *Beziehungsabbrechende und »beschimpfende« Töne verschließen die Aufnahmebereitschaft des Kindes oder Jugendlichen*	**Du forderst mich heraus!** Kinder probieren sich und uns aus. Wollen Sie ihnen das wirklich übel nehmen? Arbeiten Sie mit klaren Wenn-dann-Regeln und setzen Sie diese um!	(3) Üben Sie sich darin, jegliche Bewertung und Abwertung des erlebten Verhaltens zu vermeiden. Teilen Sie Ihre Beurteilung mit. Erklären Sie Ihre Urteile mit Wenn-dann-Aussagen. Sagen Sie, was Sie nicht akzeptieren und handeln Sie entsprechend.

Die lächerliche Androhung	Nicht reden, handeln!	(4) Die Wirksamkeit
Angekündigte Erziehungsmaßnahmen sind stumpfe Erziehungsmaßnahmen	Kinder wollen Ihnen glauben können, was Sie sagen. Denken Sie daran: Man ist nur dreimal unglaubwürdig, danach lächerlich!	erzieherischer Handlungen »lebt« von ihrer Glaubwürdigkeit. Deshalb ist es besser zu schweigen, als etwas anzukündigen, was man dann nicht umsetzt. Üben Sie sich im verbindlichen Erziehungsgespräch!
Das »Schmollen der Eltern«	Ich bin groß, du bist klein!	(5) Beobachten Sie genau, ob sich für Sie die Enttäuschungen und Provokationen Ihrer Kinder durch das Erziehungsgespräch »erledigen« oder ob Sie nachtragend sind. Üben Sie sich in der Versachlichung Ihrer Erziehung!
Nachtragendes Verhalten ist kein Erziehungsverhalten	Schmollen ist kein erwachsenes Gefühl. Indem Sie selbst in dieses kindliche Gefühl gehen, verlieren Sie viel von Ihrer erwachsenen Autorität und verlassen die Elternebene!	

Die Reaktion eines Vaters auf diese Übung verdeutlicht, wie schwer es uns bisweilen fällt, die Sackgassen der Wirkungslosigkeit tatsächlich zu meiden. »Was soll denn das heißen: ›Versachlichung der Erziehung‹? Wenn mein Kind mich belügt, dann bin ich echt sauer und möchte erst mal kein Wort mehr mit ihm reden!« Der Erziehungsberater entgegnete, »das kann ich sehr gut verstehen, weil mir dies mit meinen Kindern auch immer wieder so geht. Aber wir müssen erkennen, dass dieses verärgerte Abwenden, erzieherisch gesehen, völlig unwirksam ist. Es kommt noch etwas hinzu: Wenn Sie ›schmollen‹, dann enthalten Sie Ihrem Kind zugleich eine erzieherisch wichtige Erfahrung vor, die man so ausdrücken kann: ›Wenn ich meinen Vater enttäuscht habe, dann sagt er mir das, erklärt mir auch, welche Konsequenzen dies für mich hat, aber er liebt mich immer noch!‹ Sie glauben gar nicht, wie wichtig es ist, zwischen der ›nüchternen Enttäuschung‹ und der Beziehung, die Sie ja zu Ihrem Sohn nicht wirklich aufkündigen wollen, zu unterscheiden. Da wir als Eltern immer in Beziehung stehen mit unseren Kindern, sollten wir auch in Erziehungskonflikten nicht so tun, als könnten wir die Beziehung aufkündigen. Natürlich ist es leichter zu schmollen und schwieriger, in der Beziehung mit dem Kind zu bleiben und sich von seinem Verhalten deutlich abzugrenzen, das weiß ich auch. Aber genau dies müssen wir lernen, wenn wir in unserer Erziehung wirksamer werden wollen«.

Die Frage der Schuld

Letztlich geht es um die Frage der *Schuld* bzw. der *Schuldfähigkeit* in einer erzieherischen Beziehung. Dieses »Du-bist-schuld«-Muster bestimmt häufig zu unbedacht unsere erzieherischen Gedanken, Erklärungen sowie unsere erzieherischen Reaktionen. Dabei übersehen wir jedoch, dass unsere Kinder und auch viele Jugendliche noch überhaupt nicht schuldfähig sind. Sie sind im wahrsten Sinne des Wortes »unschuldig« – aber nur so lange wir ihnen keine Schuld geben. Denn Schuld setzt Verantwortung, d. h. die Fähigkeit zu einem verantwortlichen Handeln voraus. Doch wie können wir das, was wir als Ziel unserer Erziehung anstreben – nämlich die Entwicklung zu einer verantwortlich handelnden Person –, bereits bei den Kindern und Jugendlichen, die uns herausfordern, voraussetzen? Das geht natürlich nicht! Sicherlich sollen Kinder und Jugendliche Verantwortungsübernahme lernen, doch funktioniert dies nicht, wenn wir sie ihre

Schuld spüren lassen, sondern nur indem wir ihnen einen Zugang zur Außenbetrachtung ihres Tuns eröffnen. Sie müssen ihr Tun aus der Perspektive anderer betrachten lernen und verstehen können, was dieses Tun für andere bedeutet. Verantwortung zu tragen setzt nämlich voraus, dass man Gelegenheit erhält, sich in das Gegenüber hineinzuversetzen und von dieser Warte aus zu spüren, welche Auswirkungen mein Verhalten für es hat. Dies ist eine behutsame und subtile Übung des Perspektivwechsels, die man nicht erzwingen, aber auch nicht durch einen erdrückenden Schuldvorwurf übergehen kann.

> Versäumen Sie nicht – wann immer möglich – Ihr Kind zu einem Perspektivenwechsel anzuregen. Sie wissen: Verantwortungsfähigkeit entsteht aus der Fähigkeit, die Folgen des eigenen Handelns aus der Perspektive des Gegenübers zu spüren, nicht aus einem Schuldvorwurf.

Übung »Schuld abladen verboten!«

Eine Lehrerin erzählte, dass sie sich eine bestimmte »Strafarbeit« für die Schülerinnen und Schüler ausgedacht habe, die immer wieder einmal in Streitereien und Raufereien verwickelt seien: Diese Schüler werden von ihr aufgefordert, einen knapp einseitigen Zeugenbericht zu dem jeweiligen Vorfall zu verfassen, allerdings aus der Perspektive ihres »Gegners vor Gericht«. Der erschwerende Zusatz: Die Schüler bekommen mit ihrer eigenen Position nur dann recht, wenn es ihnen gelingt, der Position ihres »Gegners« vor Gericht zum Durchbruch zu verhelfen. Die Schülerinnen und Schüler werden zusätzlich noch aufgefordert, das Wort »Schuld« in ihren Ausarbeitungen nicht zu gebrauchen. Sie sollen sich ausschließlich darauf beschränken, das Berechtigte, Unbeabsichtigte oder Harmlose der Position »ihres« Gegners zu Papier zu bringen. »Es ist nicht leicht, die Schülerinnen und Schüler dazu zu bewegen, sich auf diesen Perspektivwechsel einzulassen, zu hoch kochen die Emotionen, und jeder hat das Gefühl, ›im Recht‹ zu sein«, beschrieb die Lehrerin ihre Erfahrung. »Manchmal geht es auch nicht, dann müssen die Kontrahenten einen ›Sekundanten‹ bestimmen, der diese Aufgabe für sie übernimmt. Aber wie auch immer, danach ist es nicht mehr nötig, den Streit zu schlichten!«

Regel 26: Übe dich im Erziehungsgespräch!

Vor einigen Jahren kam eine Untersuchung im Auftrage der UN-Kinderorganisation UNICEF zu dem Ergebnis, dass das Gesprächsklima zwischen Eltern und Kindern in den europäischen Ländern sehr unterschiedlich sei. So sprächen italienische Eltern z. B. durchschnittlich täglich mehr Minuten mit ihren Kindern als deutsche Eltern und würden dabei auch deutlich weniger ermahnende oder kontrollierende Worte verwenden. Europäische Kinder wachsen somit in verschiedenen Erlebenswelten auf. Während die einen bereits als kleine Menschen erleben können, dass man ihnen zuhört und sich ihnen als Gesprächspartner zuwendet, spüren die anderen überdeutlich, dass die Erwachsenen sie meist bloß ansprechen, wenn sie mit etwas nicht einverstanden sind.

Europäische Kinder erleben somit unterschiedliche Welten: eine Welt der voraussetzungslosen Zugewandtheit einerseits (»Ich rede mit dir und höre dir zu, einfach weil du mir wichtig bist!«) und eine Welt der ermahnenden Kontrolle andererseits (»Ich rede mit dir, um dir zu sagen, was du tun sollst!«).

Den erzieherischen Gesprächsstil reflektieren

Beobachten Sie die Art Ihres Erziehungsdialoges und fragen Sie sich: »Zu welchem Prozentsatz rede ich mit meinen Kindern, um ihnen Ratschläge zu geben, sie zu ermahnen oder zu dirigieren?« Üben Sie sich in der Technik des nachfragenden Erziehungsgesprächs!

Checkliste: Ich reflektiere meinen erzieherischen Gesprächsstil				
	Habe ich heute ...	häufig	selten	nie
Kennen-lernen	*... irgendetwas über die Wünsche, Sorgen, Freuden meines Kindes erfahren bzw. zu erfahren versucht?*			
Offenbaren	*... meinem Kind gezeigt (z. B. indem ich ihm Zeit widme), wie wichtig es mir ist?*			
Nachfragen	*... interessiert nachgefragt, um zu verstehen, was mein Kind bewegt?*			
Tolerieren	*... signalisiert, dass ich das, was mir fremd und vielleicht sogar falsch erscheint, akzeptieren kann, weil es ihm wichtig ist?*			
Anerkennen	*... irgendetwas von dem, was mein Kind tut, anerkannt, gelobt oder wertgeschätzt?*			
Kooperieren	*... mein Kind unterstützt oder ihm verdeutlicht, in welchen Fragen es »auf mich zurückgreifen« kann?*			
Trauen	*... meinem Kind vermittelt, dass ich ihm prinzipiell vertraue und weiß, dass es seine Probleme gut lösen kann?*			

Wer Kinder und Jugendliche erreichen und nicht bloß ermahnen oder gar einschüchtern will, der sollte sich darin üben, mit ihnen in einer Art und Weise zu reden, die sie auch erreicht. Das ist nicht ganz einfach, denn gerade die Kommunikation mit Heranwachsenden ist ein fragiles Geschehen. Kinder und Jugendliche lauschen mit allen Antennen auf das, was gesagt wird und wie es gesagt wird. Und da sie vielfach noch auf der Suche sind, achten sie sehr subtil darauf, welche Resonanz ihnen die Erwachsenenwelt entgegenbringt. Und schnell verschließen sie auch ihre Ohren und Herzen, wenn sie den Eindruck haben, dass sie nicht verstanden werden. Beachten Sie den folgenden wichtigen Grundsatz für Ihr erzieherisches Gespräch.

> Achten Sie stets darauf, dass Sie die positive Botschaft, durch die Sie Ihrem Gegenüber zeigen, wie wichtig es Ihnen ist, nicht durch momentane Wut beschädigen oder gar dauerhaft verschütten. Ein einmal verschlossenes Herz ist nur schwer wieder zu öffnen. Üben Sie sich deshalb in deutlicher, aber wertschätzender Grenzsetzung! Meditieren Sie über Ihre Wertschätzung derer, die Ihre Grenze verletzt haben!

In einem Gespräch mit anderen Eltern beschwert sich ein Vater darüber, wie sehr sich sein Sohn in den letzten beiden Jahren verändert habe: »Wenn ich beobachte, wie der rumläuft und mit allem seine ›Null-Bock-Laune‹ ausstrahlt, dann muss ich sagen, ›der ist eigentlich nicht mehr mein Junge!‹«

Unbeabsichtigt beschreibt der Vater damit einen Teil des Teufelskreises, in den Jugendliche immer wieder geraten. Um sich abzugrenzen, müssen sie auf sich aufmerksam machen und Auseinandersetzungen suchen. Zwar beziehen sich Jugendliche meist ohnehin schon stärker nach außen als auf ihre Familie, doch wird diese Abwendung vielfach auch noch dadurch beschleunigt, dass in ihren Elternhäusern die Möglichkeiten der Begegnung und des Gesprächs begrenzt sind. Eltern sehen sich deshalb insbesondere bei pubertierenden Jugendlichen vor die doppelte

Aufgabe gestellt, diese einerseits loszulassen, aber andererseits mit ihnen einen Gesprächskontakt zu pflegen, in denen diese suchenden Jugendlichen sich angenommen und »o. k.« fühlen können. Beides ist schwierig, und nicht selten kann man beobachten, dass Eltern auch von beiden Aufgaben überfordert sind:

- Sie versuchen die Jugendlichen an sich zu binden, indem sie sie zu zwingen versuchen, *ihren* Wünschen und Anweisungen zu folgen – meist verbunden mit einer Eskalation von Drohung und Strafen (Motto: »Solange du deine Füße unter meinen Tisch stellst …!«), und
- sie opfern dabei auch die letzten wirklichen Gesprächsbeziehungen zu diesen Jugendlichen, die doch ihre Kinder sind (Motto: »Dies ist nicht mein Junge!«).

Dieser Doppelfehler ist weit verbreitet, und er ist die Ursache vieler Brüche zwischen Eltern und ihren Kindern. In beiden Parteien verhärtet sich der Eindruck: »Der andere benimmt sich falsch und will mich nicht verstehen!« Wenn dieser Punkt erreicht ist, sind es die Erwachsenen, die durch eine gezielte Veränderung im Stil ihres Erziehungsgespräches die Möglichkeit haben, den Kontakt zu ihren Kindern neu aufzubauen.

Man kann das Verhalten eines Kindes oder Jugendlichen nicht wirklich verändern. Man kann lediglich die eigene Art, auf dieses Verhalten zu reagieren, ändern – insbesondere dann, wenn die bisherigen Formen, damit umzugehen, wenig erfolgreich waren. Unsere Selbstveränderung ermöglicht es unseren Kindern, sich uns auch in anderer Weise zu zeigen.

Regeln der Begegnung

Beachten Sie die Regeln der Begegnung und des Umgangs:

Regel	Bewertung
1. Verändern Sie das Bild, das sich in Ihnen verfestigt hat. Meditieren Sie jeden Tag 15 Minuten über die Einmaligkeit Ihres Kindes!	
2. Vermeiden Sie die unmittelbare Konfrontation!	
3. Suchen Sie Situationen des schweigenden Beisammenseins (z. B. beim Frühstück, Autofahrten)!	
4. Nutzen Sie Situationen, in denen Ihnen Ihr Kind etwas mitteilt, indem Sie interessiert nachfragen, ohne zu werten!	
5. Signalisieren Sie Ihrem Kind, dass Sie gerne mit ihm zusammen sind und widmen Sie ihm Zeit, wann immer sich die Gelegenheit bietet!	
6. Teilen Sie die Sorgen und Fragen Ihres Kindes, wenn es sich mitteilt, ohne gleich Ratschläge oder Interpretationen zur Hand zu haben!	
7. Schaffen oder pflegen Sie gemeinsame Rituale (z. B. das gemeinsame Mittag- oder Abendessen)!	
8. Üben Sie sich in der Antwortverschiebung, d. h. gehen Sie den bekannten Konfliktthemen und Streitpunkten aus dem Weg und verschieben Sie Ihre Klarstellungen!	
9. Begrüßen Sie die Welt Ihres Kindes (Musik, Mode etc.) – auch, wenn sie Ihnen fremd sind!	
10. Beobachten Sie, wie ähnlich Ihnen Ihr Kind in seinem Bemühen ist, seinen eigenen Weg zu finden, sich abzugrenzen und zu definieren!	
Bewerten Sie wöchentlich mit A (für sehr erfolgreich) bis C (wenig erfolgreich), inwieweit Sie bereits in der Lage sind, diese Regeln im täglichen Erziehungsgespräch zu berücksichtigen!	

Regel 27: Entkomme der Selbstüberforderung und nutze die Vielfalt der Welt!

Erziehungsprobleme werden für viele Eltern auch dadurch zu einer bedrückenden Erfahrung, weil sie sich verantwortlich fühlen und glauben, »versagt« zu haben. Wer glaubt, »versagt« zu haben, unterstellt damit zugleich, dass er hätte »richtig« handeln können – und alles wäre anders geworden. Diese Selbstbezichtigung ist verständlich, aber auch in vielem ungerechtfertigt. Sie kann uns auch den Blick verstellen, sodass wir dann nicht mehr die Vielfalt der Möglichkeiten erkennen, uns als Eltern anders zu verhalten.

»Ich glaube, ich habe in der Erziehung meiner Kinder alles falsch gemacht!«, meinte eine Mutter, als wir über die Probleme ihrer Kinder sprachen. Diese entwickelten sich so ganz anders, als sie es sich vorgestellt hatte. In vielem dementierten sie geradezu das Leben, das die Mutter selbst gelebt hatte: »Sich selbst den Problemen des Lebens stellen und diese ohne Hilfe anderer Menschen bewältigen können«, das war die Maxime ihres Lebens und ebenso auch ihre Erwartung an ihre Kinder. Die folgenden Fragen zeigten der Mutter ihre innere Zwickmühle: »Können Sie eigentlich aus Ihrer Haut heraus und auch einmal ohne Ihre Erwartungen auf Ihre Kinder blicken? Was würde geschehen, wenn Sie jetzt auswandern würden und Ihre Kinder sich selbst überlassen wären? Würden sie ihr Leben ›auf die Reihe bekommen‹? Könnte es sein, dass Sie selbst es sind, die einerseits Selbstständigkeit von Ihren Kindern erwartet, aber gleichzeitig will, dass sie sich so entwickeln, wie Sie das erwarten – also doch abhängig bleiben von Ihren Erwartungen?«

Eltern können den Erfolg ihrer Erziehungsbemühungen nicht garantieren, denn ihre Kinder entwickeln sich aus sich heraus. Die Erziehung der Eltern bietet dabei nur die Rahmenbedingung, die dieser Selbstentwicklung einen Raum gibt. Sicherlich:

In einer liebevoll-toleranten sowie achtsamen Umgebung finden Heranwachsende günstigere Möglichkeiten, um das zur Entfaltung zu bringen, was in ihnen steckt. Doch gibt es keine Wenn-dann-Gesetzmäßigkeiten. Jeder kennt die Beispiele der Entwicklungen von Menschen, die trotz aller Widrigkeiten Erstaunliches aus sich zu machen wussten, und wir kennen auch die Beispiele von Kindern, die trotz einer optimalen sozialen Einbettung und Förderung ihrem Leben keine Richtung zu geben wussten. Aus diesem Grunde kann man feststellen:

Sie sind nicht verantwortlich für das, was aus Ihren Kindern wird, sondern lediglich mitverantwortlich. Vermeiden Sie Selbstbezichtigungen (»Ich habe versagt ...«), denn Sie unterstellen dadurch eine Machbarkeit von Erziehungserfolg, die nicht gegeben ist! Wenn Ihre Kinder Sie »enttäuschen«, dann sollten Sie sich stets fragen, an welchen Kriterien Sie sie messen und ob diese Kriterien wirklich auch ihre eigenen sind.

Das Gespräch mit der Mutter nahm in den folgenden Begegnungen eine erstaunliche Wende. Sie hatte aufgehört, ihre Kinder als »Regelabweicher« zu beobachten, und sich stärker darum bemüht, sich selbst und ihre widersprüchlichen Botschaften zu reflektieren.

»Ich muss zugeben, dass mein ganzes Mutterleben eigentlich dadurch geprägt gewesen ist, dass ich mit einem verengten Blick auf meine Kinder geschaut habe: ›Werdet selbstständig, aber macht mir Freude!‹ war irgendwie meine Botschaft. Kein Wunder, dass sie damit nicht zurechtkamen. Entweder machten sie mir Freude und blieben dabei doch irgendwie meine unselbstständigen Kinder oder sie wollten selbstständiger werden und mussten sich dazu von mir abwenden. Irgendwie habe ich das Gefühl, dass ich hier selbst die Schieflage ausgelöst habe und meine Kinder es ganz schön schwer hatten. Das ist ja für sie wie eine Falle, aus der man nicht heraus kann, ohne wieder in sie hineinzugeraten!«

Mit dieser Einsicht beschreibt die Mutter treffend das, was man in der Kommunikationstheorie die »Doppelbindungsfalle« nennt: Wir konfrontieren das Gegenüber gleichzeitig mit einer doppelten Erwartung, deren Erfüllung immer gegen eine Seite des ebenfalls erwarteten Verhaltens verstoßen muss. Es gibt kein Entrinnen – weder für das Kind oder den Jugendlichen, an den sich die Botschaft richtet, noch für die Eltern, die immer nur den gleichen Effekt erzielen: »Mein Kind tut nicht, was ich von ihm erwarte!« Doch die Kommunikationsforschung zeigt uns auch, wie man aus einer Doppelbindungsfalle aufsteigen kann: Nur der Fallen(auf)steller kann dies bewirkten, indem er z. B. die Ambivalenz seiner Botschaften an seine Kinder erkennt und diese beendet. Dieses Beenden erfordert Übung und Zeit. Denn die Falle, mit der ich mein Gegenüber fangen konnte, erfüllte ja auch ihren Zweck. Und es ist dieser Zweck, auf den wir häufig nicht wirklich verzichten wollen. In unserem Beispiel diente die Doppelfalle der Mutter dazu, ihrer eigenen Angst vor dem Verlassenwerden und dem Alleinsein zu begegnen. Hierfür erzielten die widersprüchlichen Botschaften, die sie ihren Kindern mit auf den Weg gab, den »gewünschten« Effekt: Ihre Kinder hielten sie beschäftigt – und sei es nur durch die dauernde Sorge oder die »Nicht-Erfüllung« eines Teiles der Botschaft. Dieses Beispiel zeigt:

In der Art, wie wir unseren Kindern begegnen, bringen wir auch unsere eigenen tiefen Ängste ungewollt zum Ausdruck. Diese mischen sich immer wieder in die Eindrücke und die Interpretation ihres Verhaltens ein, und wir gelangen dann zu Schlussfolgerungen und Erziehungsmaßnahmen, die nicht nur ihnen, sondern auch uns dienen – ohne dass uns dieser subtile Nutzen auch immer selbst bewusst ist.

»So ein Blödsinn«, war deshalb auch die erste Reaktion der Mutter, als sie auf diese Wirkungslogik ihres ambivalenten Erziehungsstils angesprochen wurde. Es dauerte einige Zeit, bis in ihr selbst die Einsicht reifte, dass sie möglicherweise selbst die Verstrickungen mitknüpfte, in welchen sich ihre Kinder immer wieder verhedderten. Nachdem ihr dies bewusst geworden war, konzentrierte sie sich stark auf den »Weg zur Beziehungsklarheit« – auf diesem Weg konnte sie sich auch selbst mehr und mehr aus der Selbstüberforderung befreien.

Der Weg zur Beziehungsklarheit

Überprüfen Sie, ob Sie Ihr Kind mit widersprüchlichen Beziehungsbotschaften »ansprechen«!
Identifizieren Sie diese Botschaften und stellen Sie sie einander gegenüber. Erinnern Sie sich an Situationen, in denen Sie beide Erwartungen gleichzeitig artikuliert haben.

Entscheiden Sie sich für die Botschaft, die Ihnen stärker am Herzen liegt, und verabschieden Sie sich von der anderen!
Dies ist leichter als es aussieht. Denn die unterschwellige zweite Botschaft ist meist eine, die einen eigenen verborgenen Nutzen verfolgt.

Enttarnen Sie das – ambivalente – persönliche Bedürfnis und drücken Sie es als solches aus (»Mir würde es selbst gut gehen, wenn du ...«)!
Überlegen Sie, wo oder mit wem Sie dieses eigene Bedürfnis (nach Gemeinsamkeit, Freude etc.) auch noch leben können und planen Sie Ihre alternative Bedürfnisbefriedigung!

Üben Sie sich darin, Ihrem Kind immer und immer wieder zu signalisieren, welche eindeutigen Erwartungen Sie im Hinblick auf sein Verhalten oder seine Ziele hegen!
Es ist anfangs immer schwierig, diese Eindeutigkeit zu praktizieren und durchzuhalten. Es kann sinnvoll sein, hierfür eine Standard-Redewendung einzuüben.

Viele Menschen leben in Verstrickungen (Nelles 2010), d. h. sie handeln aus gefühlter oder tatsächlicher Erwartung und nicht aus eigenem Antrieb heraus. Sie sind treu und anhänglich oder schroff und konfliktsuchend, ohne wirklich zu verstehen, was sie da antreibt und auch zu bisweilen grandiosen Erfolgen führt. Gleichwohl entspringen ihre Taten nie nur dem eigenen Selbst, sondern dienen immer auch in verborgener Weise der Erfüllung der Erwartungen anderer. Dies kann dazu führen, dass diese Menschen irgendwann in ihrem Leben, wenn es darum geht, sich selbst zu positionieren, eine aufrichtige Beziehung (»mit offenem Visier«) mit einem anderen Menschen einzugehen oder selbst die eigenen Kinder auf ihrem eigenen Weg zu begleiten, auf wenig Eigenes zurückgreifen können. Spätestens dann zeigen sich die Spätfolgen einer Erziehung, die nicht Beziehung gewesen ist, sondern Verstrickung.

Sie als Eltern haben jedoch die Möglichkeit, die Verstrickung Ihrer Kinder zu vermeiden oder abzubauen. Dies tun sie, indem Sie ambivalente Beziehungsbotschaften erkennen und sich in Beziehungsklarheit üben. Wenn Sie ihnen helfen, bereits früh ihr Eigenes zu entdecken und zu entwickeln, leisten Sie einen wichtigen Beitrag zur langfristigen seelischen Gesundheit Ihrer Kinder.

Regel 28: Arbeite mit Ermutigung, vermeide Disziplinierung!

Diese Regel ist nicht neu, sie wird allerdings selten berücksichtigt. Eltern oder Lehrkräfte neigen dazu, ein »Normalverhalten« ihrer Kinder oder Schüler zu erwarten und konzentrieren sich daher zu stark darauf, die Verhaltensabweichungen in den Blick zu nehmen. Aus diesem engen Blick auf das Verhalten der Nachwachsenden entstehen Kontrolle und Ermahnung – die Stoffe, aus denen Erziehung sich vielfach noch zusammensetzt. Auch die Behütung ist eine Form der Kontrolle. Wer seine Kinder behütet, läuft Gefahr, sie der Gelegenheit für eigene Erfahrungen zu berauben. Dies geschieht in bester Absicht, denn Erziehungsverantwortung heißt auch, auf seine Kinder aufzupassen und Schaden von ihnen fernzuhalten.

Erziehungswirkung benötigt Energie. Diese entsteht aus gespürter Ermutigung und Vertrauen, nicht aus Kontrolle und Ermahnung. Nur indem Ihre Kinder spüren, dass Sie ihnen zur Seite stehen und Ihre Wertschätzung erfolgsunabhängig gegeben ist, werden sie auch eine Kraft und Zuversicht in sich entwickeln, die sie stärkt.

Checkliste zur Ermutigungsdichte des eigenen Erziehungsstils			
Haben Sie in den letzten drei Wochen	selten	manchmal	häufig
... Ihre Kinder mehrfach gelobt?			
... Ihren Kindern gezeigt, dass Sie an sie glauben und Ihnen etwas zutrauen?			
... Ihren Kindern bei ihren Zweifeln oder Rückschlägen zur Seite gestanden?			

... Ihren Kindern eine verantwortliche Aufgabe übertragen (ohne sie zu kontrollieren)?			
... Ihre Kinder spüren lassen, dass aus Fehlern und Verfehlungen gelernt werden kann?			
... gespürt, was mit ihnen los ist, und das Gespräch gesucht?			
... Ihre Kinder getröstet und ermutigt?			
... Ihre Kinder verteidigt?			
Beantworten Sie alle Fragen. Alle Felder, in denen Sie »selten« angekreuzt haben, markieren deutlich, in welchen Bereichen Sie Ihren Erziehungsstil noch ermutigender gestalten könnten.			

Die Langzeitwirkungen von Kontrolle und Demütigung sind für den Reifungsprozess von Kindern und Jugendlichen häufig verheerend, wie Franz Kafka in seinem »Brief an den Vater« im Alter von 36 Jahren schreibt:

>»Direkt erinnere ich mich nur an einen Vorfall aus den ersten Jahren. Du erinnerst dich vielleicht auch daran. Ich winselte einmal in der Nacht immerfort um Wasser, gewiss nicht aus Durst, sondern wahrscheinlich teils um zu ärgern, teils um mich zu unterhalten. Nachdem einige starke Drohungen nicht geholfen hatten, nahmst Du mich aus dem Bett, trugst mich auf die Pawlatsche und ließest mich dort allein vor der geschlossenen Tür ein Weilchen im Hemd stehen. Ich will nicht sagen, dass das unrichtig war, vielleicht war damals die Nachtruhe auf eine andere Weise wirklich nicht zu verschaffen, ich will damit deine Erziehungsmittel und ihre Wirkungen auf mich charakterisieren. Ich war damals nachher wohl schon folgsam, aber ich hatte einen inneren Schaden davon. Das für mich Selbstverständliche des sinnlosen Um-Wasser-Bittens und das außerordentlich Schreckliche des Hinausgetragenwerdens konnte ich meiner Natur nach niemals in die richtige Verbindung bringen. Noch nach Jahren litt ich unter der quälenden Vorstellung, dass der riesige Mann, mein Vater, die letzte Instanz, fast ohne Grund kommen und mich mitten in der Nacht aus dem Bett auf die Pawlatsche tragen konnte und dass ich also ein solches Nichts für ihn war.

Das war damals ein kleiner Anfang nur, aber dieses mich oft beherrschen-
de Gefühl der Nichtigkeit stammt vielfach von deinem Einfluss. Ich hätte
ein wenig Aufmunterung, ein wenig Freundlichkeit, ein wenig Offenhalten
meines Weges gebraucht, stattdessen verstelltest Du mir ihn, in der guten
Absicht freilich, dass ich einen anderen Weg gehen sollte. Aber dazu taugte
ich nicht« (Kafka 1999, S. 9).

Diese autobiografische Reflexion zeigt in extremer Weise die
Spuren, welche Erziehung hinterlassen kann. Sie kann in ihrer Wirkung nicht begrenzt werden, vordergründig unwichtige
Maßnahmen können ein ganzes Leben einspuren. Noch Jahre
später bewegt den 36-Jährigen diese Schlüsselsituation, in der
sich ihm das Gefühl unbegrenzten Ausgeliefertseins gegenüber
einer unhinterfragbaren Autorität eingebrannt hat, und er artikuliert dies immer noch spürbar mit geneigtem Haupt. Es ist
ein überstarkes Gefälle, das Kafka hier beschreibt – ein Gefälle
der Einschüchterung und Kontrolle ohne Ermutigung und Zugewandtheit:

»Jedenfalls waren wir so verschieden und in dieser Verschiedenheit ein-
ander so gefährlich, dass, wenn man es hätte etwa im voraus ausrechnen
wollen, wie ich, das langsam sich entwickelnde Kind, und Du, der fertige
Mann, sich zueinander verhalten werden, man hätte annehmen können,
dass Du mich einfach niederstampfen wirst, dass nichts von mir übrig-
bleibt« (Kafka 1999, S. 8).

In diesen Beschreibungen begegnet uns ein häufig zitiertes Ele-
ment von Erziehung, nämlich die »Erziehungsgewalt«. Sie geht
davon aus, dass das Schwächere dem Stärkeren folgen muss,
wobei dieses Stärkere nicht weiter hinterfragt wird. Hier setzt
sich ein altes Denken fort, bei dem auch von der »Erziehungsbe-
dürftigkeit« des Menschen die Rede ist: Der Mensch – so diese
These – ist zu Beginn seiner Entwicklung »unfertig«, er bedarf
des Vorbildes, der steuernden Hand sowie des Erfahrungsvor-
sprunges des Älteren – also der »Eltern« –, um sich auf seine
Rolle als verantwortlicher Erwachsener vorzubereiten. Diese
Behauptung ist nicht unproblematisch. Zu unhinterfragt wird
hier eine Art natürliches Recht behauptet, das für alles herhalten
kann – auch die Disziplinierung der nachwachsenden Genera-

tion um der Disziplin willen. Wer in dieser Weise die Disziplin fordert, muss auch etwas zu den historischen Situationen sagen, in denen es die Deutschen zu einer vorbildlichen Disziplin gebracht haben.

»Es lief alles »wie am Schnürchen« in den Schulen, auf den Kasernenhöfen, aber auch in den Konzentrationslagern. Wer diszipliniert wird, ist mundtot. Wer einer Disziplin unterworfen wird, handelt nicht aus Überzeugung. Disziplin ohne Selbst führt zu einer Entfremdung vom Selbst. Das Ergebnis sind Menschen, die sich nicht wirklich in eine Beziehung setzen können zum Gegenüber, die mechanischen Regeln und Vorgaben zu folgen lernen, die »vorbehaltlose Anerkennung von Autorität und Disziplin« (Bueb 2007, S. 11) akzeptieren und nicht gelernt haben, selbst nach dem Sinn und der Berechtigung dessen zu fragen, was sie tun oder tun sollen« (Arnold 2007).

Doch wollen wir sie wirklich, diese »vorbehaltlose Anerkennung von Autorität und Disziplin« (Bueb 2007, S. 11)), wie sie uns die Boulevardpresse und die gängige Ratgeberliteratur schmackhaft zu machen versuchen? Sind es nicht gerade die »Vorbehalte«, aus denen die Freiheit, der Mut und auch die Solidarität der Menschen sich speisen? Benötigen wir nicht ein »Lob des Vorbehaltes«? Waren es nicht gerade die Gralshüter der deutschen Tugend Disziplin, die dieser historischen Verrohung nichts entgegenzusetzen hatten, sondern diese vielmehr lebhaft mitgestalteten? Ist es angesichts dieser historischen Erblast wirklich vertretbar, die Disziplin hochleben zu lassen, ohne auch nur einen Gedanken daran zu verschwenden, dass uns damals gerade eine kollektive Fähigkeit zur Disziplinlosigkeit hätte aufrecht gehen lassen können? Es ist das Kennzeichen demokratischer Gesellschaften, dass sie den »Vorbehalt« und nicht die »Disziplin« kultivieren.

> Vermeiden Sie Disziplin um der Disziplin selbst willen. Sie unterwirft das Individuum einem formalen Prinzip – wahrscheinlich der Ruhe im Wohnzimmer oder auf dem Pausenhof zuliebe – und kümmert sich in Wahrheit nicht ernsthaft darum, was aus dem Kind, seiner Widerständigkeit, seiner Aufsässigkeit und seiner Kampfbereitschaft wird – alles Eigenschaften oder gar »Tugenden«, auf die eine vielfältige demokratische Gesellschaft nicht verzichten kann.

Regel 29: Vermeide oder korrigiere Überreaktionen!

Es gibt Grundsätze, an die Eltern und Lehrkräfte glauben und die sie selten hinterfragen. Einer dieser verbreiteten Grundsätze lautet: »Man darf das Gesicht nicht verlieren und keine Schwäche zeigen, sonst verliert man den Respekt der Kinder und Jugendlichen!« Aus diesem Grunde gelte es, zu einer einmal getroffenen Entscheidung unbedingt zu stehen und »konsequent« zu bleiben. Sicherlich ist die Konsequenz eine wichtige Voraussetzung dafür, dass uns das heranwachsende Gegenüber als berechenbar wahrnimmt und zugleich »ernst zu nehmen« lernt, doch gilt dies nicht für eine Konsequenz um der Konsequenz willen. Wenn Eltern oder Lehrer sich irren oder überreagieren und trotzdem an ihrer einmal getroffenen Entscheidung festhalten, sind sie stur, aber nicht konsequent.

> Überprüfen Sie Ihre erzieherischen Reaktionen und vermeiden Sie jegliche Sturheit, denn Konsequenz um der Konsequenz willen ist keine erzieherisch wirksame Haltung. Sie zerstört das Vertrauen in die Gerechtigkeit dessen, was Sie Kindern und Jugendlichen zumuten.

Ein Lehrer einer Oberstufe des Gymnasiums sah sich durch den andauernden Lärm und die Unkonzentriertheit in seiner Klasse außerstande, seinen Unterricht wie geplant durchzuführen. Zunächst versuchte er, mit vereinzelten Strafen die Klasse »in den Griff zu bekommen«, wie er es ausdrückte. Als das nichts bewirkte, ließ er alle Schülerinnen und Schüler ein Papier herausnehmen, um eine unangekündigte Arbeit zu schreiben. Er kündigte zugleich an: »Diese Arbeit ist eine der vier Arbeiten, die in die Berechnung der mündlichen Note im Abitur einfließen wird«, ein selbst rechtlich fragwürdiges Vorhaben. Murrend, aber endlich mit der erwarteten Ruhe, fügten sich die Schülerinnen und Schüler, denn die Angst vor einer schlechteren Note hatte ihre disziplinierende Wirkung nicht verfehlt. Am nächsten Tag hatte der Lehrer die Arbeiten bereits korrigiert und zwei Drittel der

Schülerinnen und Schüler bekamen die Note Fünf oder Sechs. Die beste Note war eine Drei. In einem der zahlreichen Gespräche, die der Lehrer daraufhin mit den erbosten Eltern zu führen hatte, überraschte ein Vater diesen Lehrer mit der Bemerkung: »Ich kann Sie gut verstehen. Mir passiert das auch ständig, dass ich aus Wut und Enttäuschung zu einer Erziehungsmaßnahme greife, die eigentlich falsch ist. Aber dann gehe ich hin und korrigiere dies gegenüber meinen Kindern! Das müssen Sie auch tun, nur dann lernen Ihre Schülerinnen und Schüler Fairness und Gerechtigkeit, aber auch Menschlichkeit. Denn dass wir Fehler machen und zu diesen stehen können, ist eine der wichtigsten Erziehungslektionen!«

Überreaktionen sind keine erzieherischen Maßnahmen, auch wenn sie uns allen immer wieder unterlaufen. Dies ist auch verständlich. Manchmal befinden wir uns in Situationen, die uns überfordern und in denen wir nicht wissen, wie wir jetzt »Ruhe« schaffen oder mit Uneinsichtigkeit umgehen sollen. »Das Maß ist voll!« oder »Meine Geduld ist jetzt am Ende!« lauten die inneren Statements, mit denen wir unser Verhalten dann gerne rechtfertigen. Es fällt uns schwer, emotionslos festzustellen: »Jetzt habe ich gerade keine Chance, mich mit dem Gegenüber in eine konstruktive Kooperation zu bringen. Irgendetwas verschließt mir jeglichen Zugang!« Dann ist guter Rat teuer, und irgendetwas in uns sträubt sich, unser Vorhaben aufzugeben und etwas anderes zu versuchen – ein Spiel, eine gemeinsame Aktivität oder Ähnliches. Für eine nachhaltige Erziehung gilt aber:

> Wenn Sie bemerken, etwas funktioniert nicht, dann versuchen Sie etwas anderes – ohne Verärgerung und inneren Vorwurf!

Eine Lehrerin berichtet: »Wenn meine Klasse einfach nicht zur Ruhe kommen will, greife ich zu der Übung »Spiel-Beobachtung«. Ich gehe einfach schweigend zu einigen Schülerinnen und Schülern, die weniger in den Trubel involviert sind, und lade sie ein, sich zu sogenannten Beobachtergruppen (jeweils 3–5 Schülerinnen und Schüler zusammen) zu formieren, während die Unruhe in der Klasse weiter geht. Manchmal nimmt die Unruhe auch bereits ab, während ich diese Gruppen am Rande des Geschehens postiere. Meistens bilden wir eine Gruppe ›Schiedsrichter‹, eine Gruppe ›Berichterstatter der Sportschau‹ und ›Headhunter‹. Diese haben das Geschehen einfach zu beobachten, wobei meine Schülerinnen und Schüler bereits wissen, worauf es ankommt. Jede Gruppe hat in dieser Spontanübung drei Fragen, mit denen sie das Geschehen beobachtet:

Schiedsrichter

Wie ist der Spielstand (Wer führt?)?
Wer sind die Spielmacher?
Welche Regelverletzungen finden statt?

Berichterstatter der Sportschau

Welche Höhepunkte kennzeichnen das Spiel?
Wie kämpfen die Akteure?
Wer ist der »Held der Begegnungen«?

Headhunter

Wen wollen wir abwerben?
Wer ist ein starker Spieler?
Für welche Positionen (Angriff, Verteidigung etc.) sind die Akteure geeignet?

Oft erhöht sich bereits durch dieses Spielerische die Aufmerksamkeit der Klasse. Wer sich beobachtet fühlt, verändert sein Verhalten – das ist meine Erfahrung. Wenn es dann ruhiger geworden ist, haben die Gruppen Gelegenheit, in der Gruppe kurz über das Geschehen zu reden, wobei im Idealfall die ganze Klasse diesem Gespräch zuhört. Ich habe schon Spielberichte gehört, in denen sehr sachliche Rückmeldungen gegeben wurden. Schülerinnen und Schüler sind bisweilen erstaunlich differenziert in ihrer Wahrnehmung.«

Auch dieser Bericht zeigt, dass es gerade in Situationen, in denen wir nicht weiterwissen, nicht sinnvoll ist, mit den bisherigen Versuchen, z. B. Ruhe herzustellen, fortzufahren. Besser versucht man dann einfach etwas ganz anderes. Eltern, Erzieher und Lehrkräfte, die darum bemüht sind, sich endlich Gehör zu verschaffen, begeben sich fast immer in eine Eskalationsschleife: Sie wiederholen ihre Anweisungen, werden laut und bisweilen reagieren sie auch enttäuscht und wütend oder greifen zu drakonischen Maßnahmen. »Jetzt hat er wieder einen Anfall!«, hörte ich einen Schüler einmal zu seinem Nachbarn sagen. Diese Äußerung zeigt, dass die Grenze zwischen Sturheit und Lächerlichkeit in den Augen der Kinder und Jugendlichen oft fließend ist, und es gibt einen Punkt, ab welchem sie uns nicht mehr ernst nehmen können. Um diesen Punkt zu vermeiden, hilft es nichts, auf die »Amtsautorität« zu pochen und eine »vorbehaltlose Anerkennung von Autorität und Disziplin« (Bueb 2007, S. 11) zu fordern. Diese Forderungen helfen weder Eltern noch Lehrern, die nicht weiterwissen. Und doch ertappen wir uns immer wieder dabei, dass wir entschieden durchgreifen – getragen von der Illusion, es wäre irgendetwas gewonnen, wenn wir mit Drohungen und Strafen unsere Erwartungen durchsetzen, ohne zu merken, wie wir den Kontakt zu den Kindern und Jugendlichen gerade durch diese Sturheit verlieren. Und manchmal müssen wir uns auch eingestehen, dass es uns einfach nur um unsere Prinzipien ging, d. h. um uns und unsere Rolle als Vater, Mutter oder Lehrkraft.

Dem eingangs erwähnten Gymnasiallehrer wurde nach den Elterngesprächen klar, dass er mit seiner Überreaktion auch Porzellan zerschlagen hatte. Nach einigen Tagen wandte er sich mit folgenden Worten an seine Klasse: »Hört mal, ich habe noch einmal über die Situation am Dienstag nachgedacht, als ich euch die unangekündigte Klassenarbeit schreiben ließ, die dann so schlecht ausgefallen ist. Ich muss zugeben, da bin ich wütend und enttäuscht gewesen, weil ich nicht mehr weiterwusste.

Meine Aufgabe ist es, mit euch einen vernünftigen Unterricht durchzuführen, doch gibt es Situationen, in denen mir das nicht gelingt. Am Dienstag war eine solche Situation. Ich habe dann falsch reagiert und eine Leistungsfeststellung dazu benutzt, um euch zu disziplinieren. Das tut mir leid, und ich nehme das zurück. Die Bewertung dieser Arbeit werde ich nicht bei der Berechnung eurer Abschlussnoten berücksichtigen. Ich habe mir vorgenommen, in ähnlichen Situationen zukünftig anders zu reagieren.« Anders als befürchtet, werteten die Schülerinnen und Schüler dieses Eingeständnis nicht als Schwäche, sondern erkannten, dass sie es mit einem Lehrer zu tun hatten, der Fehler eingesteht und korrigiert.

Nachwort

Wege aus dem Erziehungslamento

Wir können so verhindern,
»(…) dass jede Generation von vorne anfangen müsste
und etwas tun, was vorher schon getan wäre.«

(Schleiermacher 1959, S. 11)

Trotz aller Klagen und Erziehungsdebatten: Es gibt sie, die
»wohlerzogenen Kinder«. Und es ist keineswegs durchgängig
so, dass diese aus geordneten Verhältnissen kommen, wie auch
umgekehrt solche geordneten Verhältnisse keineswegs eine Garantie dafür sind, dass die in ihnen aufwachsenden Kinder wissen, »was sich gehört und was nicht«. Doch was »gehört sich«?
Je mehr wir darüber nachdenken, desto fragiler werden unsere
Bilder. Sicherlich gibt es auch heute noch in den unterschiedlichen Ländern der Welt ein gemeinsames Empfinden dafür, welches Verhalten als angemessen anzusehen ist, wobei der Respekt
der Jüngeren gegenüber den Älteren in nahezu allen Kulturen
ein durchgängiges Wunschmuster ist. Doch schon bei der Frage,
wie dieser Respekt auszudrücken ist und welche Verhaltensweisen dabei als ungebührlich anzusehen sind, gibt es große Unter-
schiede. Und auch im Zeitablauf haben sich diese Vorstellungen
in den modernen Gesellschaften grundlegend geändert: Die Erwartungen, die gestern noch galten, gelten heute nicht mehr, und
was heute eine berechtigte Vorstellung ist, kann schon morgen
verstaubt und leer sein.

Es stimmt, dass Erziehung ohne Werte wie ein Körper ohne Blut ist: blutleer.

Werte und Wertvorstellungen geben den Menschen eine Richtung vor. Werte sind Sinnstifter. Sie sind Ausdruck der Seele und der Emotion des Einzelnen, durch sie weiß er sich aber auch mit den anderen – den Gleichgesinnten – verbunden. Von Werten sind wir durchdrungen, sie sind die Basis unserer Überzeugungen. Und Werte stiften uns auch eine Vorstellung vom Leben. Aus diesem Grunde geraten die Menschen in den modernen Gesellschaften bisweilen in eine eigenartige Ratlosigkeit und innere Leere, da der Bestand an gemeinsam geteilten – also verbindlichen – Werten schrumpft. Wir leben in einer wertpluralen Gesellschaft, wie die Sozialwissenschaftler sagen. Die Einflüsse von Kirche und Obrigkeit pressen den Einzelnen heute glücklicherweise nicht mehr in ein biografisches Korsett, in dem er sich gar nicht zu fragen braucht, was erlaubt ist und was nicht. Wer in den früheren Gesellschaften von den Werten abwich, sei es, dass er sich ein anderes Leben wünschte, der wurde nicht selten verfolgt, vertrieben oder gar getötet. Die einzige Vorstellung von Leben und Gemeinschaft, die für den Einzelnen und seine Kinder galt, war die der Obrigkeit: Man lebte in einer wertkontrollierten Gesellschaft, nicht in einer wertpluralen – freiheitlichen – Gemeinschaft. Das Eigene konnte sich nicht wirklich ausdrücken, die geltenden Werte waren solche der Anpassung und Unterordnung, nicht solche einer selbstbestimmten Lebensführung.

Dies änderte sich erst mit den Freiheitsbewegungen im 19. Jahrhundert, in denen Menschen sich mit ihrem Leben dafür einzusetzen begannen, eine Gesellschaft zu schaffen, in der eine selbstbestimmte und solidarische Lebensführung möglich ist: die Demokratie. In einem Lied aus der Zeit der 1848er-Revolution heißt es:

»*Ob wir rote, gelbe Kragen,*
Helme oder Hüte tragen,
Stiefel tragen oder Schuh;
Oder ob wir Röcke nähen
Und zu Schuhen Drähte drehen,
Das tut, das tut nichts dazu.

(…)
Aber ob wir Neues bauen,
oder Altes nur verdauen,
wie das Gras verdaut die Kuh;
ob wir in der Welt was schaffen,
oder nur die Welt begaffen,
das tut, das tut was dazu.

Ob wir rüstig und geschäftig,
wo es gilt zu wirken kräftig
immer tapfer greifen zu;
oder ob wir schläfrig denken:
›Gott wird's wohl im Schlafe schenken‹,
Das tut, das tut was dazu!«

(Stern 1974, S. 83 f.)

Dieses Lied zeigt, worum es geht: Hier wird die Haltung einer aktiven und zukunftssichernden Kooperation zwischen Gleichen
(»ob Helme oder Hüte«) in das Zentrum gerückt – eine Haltung,
die sich in »dem amerikanischen Traum« (Postman 1995) ausdrückte. Dieser ist ein Werthorizont. In ihm ist das Recht jedes
einzelnen Menschen auf Glück fest verankert. In diesem Recht
werden alle Menschen – jeglicher Hautfarbe und Religion sowie
unabhängig vom Geschlecht – als gleich angesehen. Und Erziehung ist diesem Recht vor allem anderen verpflichtet. Dies ist die
humanistische Basis der Erziehung. Sie stellt einen Rahmen dar,
hinter den die Regelungen des menschlichen Miteinanders nicht
zurückkönnen.

Wenn sich Werte nicht vermitteln lassen, sondern bloß sichtbar gelebt und im Umgang er-lebt werden können, dann fragen
sich Eltern, Erzieher und Lehrkräfte: »Das kann doch nicht alles

gewesen sein?« Zunächst ist das aber so. Es gibt keine erziehungswissenschaftlichen Belege dafür, dass Heranwachsende ihr Verhalten plötzlich ändern, nur weil man ihnen eine Verhaltsmaxime mit auf den Weg gegeben hat. Ob und inwieweit sie den ihnen begegnenden Wertsetzungen folgen, ist allein ihnen selbst überlassen – so schmerzhaft diese Einsicht auch für die Erziehungsspezialisten sein mag. Gleichwohl gibt es Trost von einer anderen – vielleicht unerwarteten – Seite:

Menschen sind in der Regel dann in ihrem Verhalten wertorientierter und wertbezogener, wenn sie ihren eigenen Wert in einem achtungsvollen Umgang erleben durften.

Dies bedeutet: Es spricht viel dafür, dass zwar keine unmittelbare, wohl aber eine mittelbare Wertebildung möglich ist. Indem Lehrkräfte, Eltern und Erzieher in der Lage sind, den Kindern und Jugendlichen nicht nur dirigierend und kontrollierend zu begegnen, wächst die Chance, dass diese auch in der Lage sind, das Erlebte in ihrem eigenen Umgang mit Menschen zu leben.

Wenn uns unsere Kinder ärgern und wir über ihr Verhalten enttäuscht, manchmal entsetzt sind, dann reagieren wir meist unüberlegt, oft auch gereizt und dominant. Kinder bekommen dabei auch unsere sonstigen Frustrationen ab – nach einem erschöpfenden Arbeitstag oder nach dem erfolglosen Bemühen als Lehrer, endlich mit dem Unterricht beginnen zu können. Immer dann, wenn wir »aus dem Bauch heraus« reagieren und uns in unseren Reaktionen dem Gegenüber nur zumuten, dann hängen wir in der Welt der erzieherischen Unwirksamkeit fest. Erziehung hat dann eher den Charakter einer empörten Reaktion der Erwachsenen als den einer gezielten und besonnenen Förderung der Selbstachtung und der Wertebildung.

Wann handeln wir in diesem Sinn gezielt und besonnen? Schätzen Sie ein, ob und inwieweit Sie ein guter Erzieher bzw. eine gute Erzieherin sind:

Bin ich ein guter Erzieher/eine gute Erzieherin?
Wege zur Förderung von Selbstachtung und Wertebildung

	Selbst	
1	Ich stelle mich ganz auf mein Gegenüber ein, beobachte liebevoll seine Reaktionen und Verhaltensweisen und reagiere prinzipiell wertschätzend (»ohne Ansehen der Person«)	*... Gleichheit und Freundlichkeit werden nicht nur »gepredigt«, sondern auch erlebt*
2	Ich suche behutsam das Gespräch und lausche den Beschreibungen und Schilderungen (»wie ein Forscher bei einem fremden Stamm«)	*... das Gefühl der Selbstwirksamkeit wird erlebt und kann zur Selbstachtung führen*
3	Ich bin mir meiner eigenen Empfindlichkeiten bewusst und zähme meine gekränkten und enttäuschten Reaktionen	*... Selbstbeherrschung und Zurücknahme der eigenen Person werden erlebt*
	Sache	
4	Die Sache (Unterrichtsgegenstand) ist wichtig, sie steht jedoch nicht im Zentrum. Im Zentrum steht der einzelne Schüler und seine Entwicklung	*... ich stärke im Gegenüber das Gefühl »Es geht um mich!«*
5	Ich werde nicht müde, wohlwollend immer und immer wieder Sachfragen zu erklären. Ich bin Berater und Begleiter, nicht Zensor oder gar Selektivierer	*... Geduld und die Beherrschung von Gefühlen (wie Enttäuschung) werden erlebt*
6	Ich (er)kläre und lasse (er)klären: So verliert die Sache ihre bedrohende Gegebenheit und wird zur Angelegenheit aller	*... die Inhalte verlieren ihre erdrückende Wirkung und es entsteht ein Vertrauen in die eigenen Kräfte*

	Wir	
7	Ich kümmere mich um den Gruppenzusammenhalt und die Entwicklung eines Wir-Gefühls	*… die Bedeutung des Sozialen und Haltgebenden wird erlebt*
8	Ich dulde keine Schadenfreude und Rücksichtslosigkeit, sondern lade immer wieder zur Kooperation und Solidarität ein	*… ich ignoriere/ unterbinde destruktive Haltungen durch das Erleben sozialer Werte und Formen*
9	Ich nehme mich in einer besonderen Weise der Außenseiter und Verlierer an und führe ihnen (und auch den anderen) ihre Talente vor	*… ich lebe praktische Unterstützung vor und ermögliche so das Erleben menschlicher Formen*

»Disziplin« allein vermag keinen Rahmen für die Erziehung zu stiften.

Sicherlich, welcher Lehrer oder Lehrerin wünscht sich nicht eine Schülerschar, die konzentriert und wohldiszipliniert, wenn nicht sogar begeistert »bei der Sache« ist? Doch beginnt man sich auszumalen, wie es in einer solchen Klasse zugehen könnte, dann entstehen Bilder vor unserem geistigen Auge, die aus dem 19. Jahrhundert oder dem beginnenden 20. Jahrhundert zu stammen scheinen. Solche Bilder gibt es tatsächlich. Auf ihnen sind uniformierte, in Reih und Glied »aufgereihte« Kinder zu sehen, die mit gefalteten Händen dem Unterricht folgen. Sie entsprechen genau dem, was man von ihnen erwartet, und abweichendes Verhalten zieht gewaltsame Strafe nach sich. Der so geschaffenen pädagogischen Atmosphäre ist etwas Militärisches eigen: Es ist eine Welt des Befehls und des Gehorsams, in der eigenes Denken, Kreativität und Entfaltung kaum vorkommen dürfen.

Als Eltern, Lehrkräfte sowie Erzieherinnen und Erzieher kennen wir uns aus. Meist sind wir in der Lage, die Ursachen der

Probleme klar zu benennen, und wir sind uns auch einig, dass Erziehung noch nie so schwierig und die Probleme, Kinder und Jugendliche zu motivieren oder zur Mitarbeit zu bewegen, noch nie so schlimm waren.

»Heute war vielleicht wieder ein Tag«, klagt die junge Lehrerin, als sie nach Hause kommt. »Die haben mir wieder den letzten Nerv geraubt. Und Daniel ist der Schlimmste von allen. Der kann die ganze Klasse aufmischen, und dann kannst du deinen Unterricht gerade vergessen«. Ihr Mann, der solche »Berichte aus der feindlichen Welt«, wie er sie nennt, schon zur Genüge kennt, fragt verständnisvoll: »Was ist denn wieder passiert?« Erschöpft lässt sich seine Frau auf das Sofa fallen und sagt mit Tränen in den Augen: »Dreimal, wirklich dreimal habe ich versucht, in das Thema einzuführen, und jedes Mal …« – mit einer erschöpften Geste lässt sie die Hände in den Schoss fallen – »… jedes Mal hat er irgendetwas in die Klasse reingebrüllt, hier und da einen Lacherfolg geerntet, und die meisten waren bei ihm, nicht bei dem, was ich da am Entwickeln war. Zum Schluss wusste ich mir nicht mehr anders zu helfen, und dann habe ich ihn angebrüllt und vor die Tür geschickt. Ich bin so etwas von frustriert, kann ich dir sagen«. Ihr Mann setzt sich zu ihr und versucht sie in den Arm zu nehmen: »Aber es ist doch nur ein Schüler, einer von 23, mit dem müsste man doch klarkommen. Versuche doch einmal, mit den Eltern zu reden.« – »Du bist gut. Was meinst du, was ich schon viermal gemacht habe. Seine Mutter und auch sein Vater – beide waren schon bei mir. Die wissen doch selbst nicht weiter. Weißt du, was die mir erzählt haben: Ihr lieber Sohnemann würde sich gar nichts mehr sagen lassen. Er würde tun und lassen, was er wolle, selbst Hausarrest würde da nicht helfen, er würde die Verbote einfach ignorieren und trotzdem ausgehen. Als sie versuchten, ihm das Taschengeld zu sperren, habe er gesagt: ›O. K., dann klaue ich mir halt die Sachen, die ich brauche‹. Das wollte sie natürlich auch nicht. Ich weiß einfach nicht weiter, ich habe richtig Angst vor der nächsten Stunde mit ihm …«

Auf solche Beschreibungen trifft man häufig, wenn man mit Lehrerinnen und Lehrern redet. Auch Eltern wissen Ähnliches zu berichten. Und weil die Ratlosigkeit und Verzweiflung bisweilen groß sind, haben einfache Ratgeber Hochkonjunktur. Sie versprechen eine schnelle Lösung der Probleme, wobei es meist die alten Parolen sind, auf die dabei gesetzt wird: »Setzen Sie deutliche Grenzen!«, »sorgen Sie dafür, dass Sie respektiert werden« oder »wir benötigen wieder Mut und Werte in der Erziehung«. Weitverbreitet sind auch bequeme Schuldzuweisungen, die stets auf der Welle des »Früher-war-alles-besser« daherkommen. Wie schon im Vorwort beschrieben, gab es allerdings schon im Altertum die Klagen über den Verfall der Sitten:

> *»Die Jugend liebt heutzutage den Luxus. Sie hat schlechte Manieren, verachtet die Autorität, hat keinen Respekt vor den älteren Leuten und schwatzt, wo sie arbeiten sollte. Die jungen Leute stehen nicht mehr auf, wenn Ältere das Zimmer betreten. Sie widersprechen ihren Eltern, schwadronieren in der Gesellschaft, verschlingen bei Tisch die Süßspeisen, legen die Beine übereinander und tyrannisieren ihre Lehrer«[3].*

Es gab sie somit schon immer: die tyrannisierenden Kinder bzw. die Vorstellung von ihnen. Daher findet die Frage, »warum unsere Kinder Tyrannen werden« (Winterhoff 2009) zwar immer wieder Interessenten, ist aber weder neu noch hilfreich. Wer seine Kinder als Tyrannen sieht, der hat sich seinen Zugang zu ihnen bereits selbst verstellt. Tyrannen kann man nicht erziehen, nur stürzen – eine Feststellung, die uns deutlich zeigt, auf welche Abwege uns manche Erziehungsratgeber (ver)führen wollen. Heute werden vor allem die Neuen Medien oder die fragilen Familienverhältnisse dafür verantwortlich gemacht, dass die Erziehung so viel schwieriger zu sein scheint als in früheren Zeiten. Oder es sind die Spätwirkungen der 68er-Bewegung, denen dafür die Schuld gegeben wird, dass Autorität und Gehorsam heute

---

3 Dieser Spruch ist vielfach überliefert, er findet in dieser Formulierung zahlreiche Belegstellen im Internet. Wahrscheinlich handelt es sich um eine von einem mittlerweile nicht mehr rekonstruierbaren anonymen Verfasser gefertigte freie Zusammenfassung einzelner Äußerungen aus Plantons Buch vom Staat.

keine Resonanz mehr haben. Diese Argumente haben eines gemeinsam: Man kann sie nicht wirklich beeinflussen und sie liegen außerhalb unserer Reichweite, weshalb sie nur die eigene Wirkungslosigkeit zu erklären vermögen, Perspektiven für das eigene Handeln als Eltern, Erzieher oder Lehrkraft vermögen sie nicht zu stiften. Es handelt sich um Placebos ohne Rezeptpflicht, die eine Illusion von Heilung verkaufen, aber keine stiften.

Ich nenne solche Placebos »Erziehungslamentos«, in denen man sich ergehen, in denen man sich aber auch verstricken kann. Man sollte dabei wissen, dass das Lamentieren schwächt und nicht stärkt. Wer so argumentiert oder solchen Lesarten folgt, findet dadurch keine neuen Ansatzpunkte für einen möglicherweise wirksameren Umgang mit seinen Kindern oder Schülern, er darf sich in seiner Wirkungslosigkeit aber immerhin zurücklehnen und gut, weil schuldlos fühlen, denn er ist das Opfer dunkler Mächte, die für die Misere verantwortlich sind. Und man findet allenthalben Verständnis, wenn nicht gar Mitleid. Und nicht selten führt einen dieses eigene Lamento auch zum Aufgeben und zur inneren Kapitulation. Dann greift man zu Ratgebern auch deshalb, um das eigene Versagen vor sich selbst und anderen immer und immer wieder neu zu rechtfertigen.

Misstrauen Sie allen Ratgebern, die Ihre Erziehungsfragen in einen größeren Zusammenhang (wie z. B. »Werteverfall«, »heutige Familienverhältnisse«, »Computer- und Medienkultur«) rücken! Indem Sie solchen Erziehungslamentos folgen, erreichen Sie bloß eines: Sie nehmen sich selbst als Opfer widriger Umstände wahr. Aber wussten Sie, dass man als Opfer nicht erziehen kann? Denn als Opfer blickt man auf seine Kinder als Täter. Und wer sich als Täter fühlt (oder fühlen muss), kehrt der Beziehung den Rücken.

Die Basis jeglicher Erziehungswirkung ist die Beziehung

Wir können als Eltern und Lehrer nicht aufgeben, und wir brauchen es auch nicht. Was wir benötigen, ist der Abschied von den Erziehungslamentos jeglicher Art und eine Portion Realismus. Für Letzteres hilft ein Blick in die Erziehungswissenschaft, die uns sagt: Erziehung ist schwierig, sie war es stets (Arnold 2007, S. 12). Für den Ausstieg aus dem Erziehungslamento kann man sich entscheiden – den Realismus muss man aufbringen; mit ihm eröffnen sich Zugänge neuer Art. Indem wir die Erziehung unserer Kinder und Schüler sowie Schülerinnen als ein nötiges, aber stets schwieriges Tun akzeptieren, können wir uns auch auf die Suche nach modernen erzieherischen Lösungen machen. Diese gibt es. Sie sind eher homöopathischer als pharmazeutischer Art, bisweilen muten sie uns selbst viel zu und »wir bekommen sie kaum herunter«, und doch sind diese meist die Einzigen, die wirklich zu helfen vermögen, wenn wir uns auf sie einlassen. Letztlich ist es ein Lösungsmittel-Cocktail, den wir »herunterwürgen« müssen, um unsere erzieherische Wirkungsfähigkeit (wieder) zu erlangen – ein Bild, welches zugegebenermaßen etwas schrill, aber anschaulich ist.

Man nehme: Eine Prise erzieherische Präsenz

Wir können nicht die Augen verschließen, und wir können uns auch nicht enttäuscht und träumend zurückziehen, denn die Erziehungsverantwortung ist nicht abstreifbar oder delegierbar – weder von Eltern noch von Erziehern. Indem wir Präsenz zeigen, drücken wir aus, dass wir zu unserer Verantwortung für das Kind, den Schüler oder die Schülerin auch dann stehen, wenn wir nicht (mehr) wissen, was wir genau tun sollen. Diese Verantwortung ist das Einzige, was unsere Kinder »zu spüren bekommen müssen«, damit Erziehung überhaupt eine Resonanz finden kann. Dieses »Zu-spüren-Bekommen« ist weniger konfrontativ, als die Formulierung es vermuten lässt. Es drückt sich nicht in einer kontrollierenden oder zurechtweisenden Aktion, sondern vielmehr in einer Geste aus, die die Haltung der Erziehungsverantwortlichen deutlich werden lässt.

»Was immer auch geschieht, ich stehe zu dir, und ich bin für dich da!« – so lautet die zentrale Botschaft einer erzieherischen Präsenz (vgl. von Schlippe u. Omer 2005). Zahlreiche Erziehungsprobleme sind Ausdruck einer bisweilen verqueren Begrenzungssuche. Da spürt der heranwachsende Jugendliche seinen Vater nicht, da dieser zu häufig abwesend ist oder für den Jugendlichen selbst nicht präsent ist. Oder da fällt ein Jugendlicher mit gewaltsamen Aktionen gegen seine Geschwister oder gar Eltern auf – extreme Verhaltensweisen, die nicht hingenommen werden können. Man kann aber auch nicht einfach dagegen vorgehen, ohne zu wissen, ob diese Gewaltaktionen dem Jugendlichen nicht in irgendeiner Weise auch das zu geben vermögen, was seine Seele tief verborgen sucht. Eltern reagieren angesichts solcher Situationen oft entschieden, bisweilen auch exzessiv, d. h. sie reagieren unmittelbar und schießen über das Ziel hinaus. Damit erliegen sie der »Eskalationsfalle«, von der Haim Omer und Arist von Schlippe sprechen (von Schlippe u. Omer 2005): Ihre entschlossene Reaktion wird als Ablehnung erfahren und kann deshalb auch dazu führen, dass sich der Jugendliche noch weiter zurückzieht und in einer noch verschlüsselteren Weise darum kämpft, sich selbst und die begrenzende Präsenz der Eltern zu spüren.

Literatur

Andexlinger, H. u. A. Meinen (2010): Denkfragen statt Lenkfragen. *Lernende Organisation. Zeitschrift für systemisches Management und Organisation* 56 (Juli/August): 15–16.

Arnold, R. (2007): Aberglaube Disziplin. Antworten der Pädagogik auf das »Lob der Disziplin«. Heidelberg (Carl-Auer).

Arnold, R. (Hrsg.) (2010): Veränderung durch Selbstveränderung. Impulse für das Changemanagement. Baltmannsweiler (Schneider).

Bennack, J. (2006): Erziehungskonzepte in der Schule. Praxishilfen für den Umgang mit Schülerinnen und Schülern.. Weinheim (Beltz), 2. Aufl.

Brunner-Peindl, A (2010): The non-trivial questioning machine. In: *Lernende Organisation. Zeitschrift für systemisches Management und Organisation* 56 (Juli/August), S. 16–17.

Buber, M. (1986): Reden über Erziehung. Heidelberg (Schneider).

Bueb, B. (2007): Lob der Disziplin. Eine Streitschrift. Berlin (List).

Callo, C. (2002): Modelle des Erziehungsbegriffs. Einführung in pädagogisches Denken. München/Wien (Oldenbourg).

Dreikurs, R. U. Blumenthal, E. (2010): Wie Eltern besser werden. Die häufigsten Erziehungsfehler und ihre Lösungen. Stuttgart (Klett-Cotta).

Fromm, E. (2000): Die Kunst des Liebens. München (dtv).

Gordon, T. (1991): Lehrer-Schüler-Konferenz. Wie man Konflikte in der Schule löst. München (GRIN), 8. Aufl.

Hennig, C. u. Knödler, U. (2000): Schulprobleme lösen. Ein Handbuch für die systemische Beratung. Weinheim/Basel (Beltz).

Jacobson, O. (2009): Ich stehe nicht mehr zur Verfügung. Wie Sie sich von belastenden Gefühlen befreien und Beziehungen neu erleben. 9. Auflage. Oberstdorf (Windpferd).

Juul, J. (2005): Aus Erziehung wird Beziehung. Authentische Eltern – kompetente Kinder. Freiburg (Herder).

Kafka, F. (1999): Brief an den Vater. Frankfurt (Suhrkamp).

Kindl-Beilfuß, C. (2008): Fragen können wie Küsse schmecken. Systemische Fragetechniken für Anfänger und Fortgeschrittene. Heidelberg (Carl-Auer).

Kreter, G. (2001): Jetzt reicht´s: Schüler brauchen Erziehung! Schüler brauchen Erziehung! Was die neuen Kinder nicht mehr können – und was in der Schule zu tun ist. Seelze-Velber (Amadeus).

Miller, A. (1981): Am Anfang war Erziehung. Frankfurt (Suhrkamp).

Nelles, W. (2010): »Die Gans ist raus« – oder: In der Wirklichkeit gibt es keine Verstrickungen. *Praxis der Systemaufstellungen* 1: 15–29.

Omer, H. u. A. von Schlippe (2005): Autorität durch Beziehung. Die Praxis des gewaltlosen Widerstandes in der Erziehung. Göttingen (Juventa).

Omer, H. u. A. von Schlippe (2006): Autorität ohne Gewalt. Coaching für Eltern von Kindern mit Verhaltensproblemen. „Elterliche Präsenz" als systemisches Konzept. Göttingen (Vandenhoeck + Ruprecht)).

Pfeiffer, D. (2007): Klick … Wie moderne Medien uns klüger machen. Frankfurt (Campus).

Postman, N. (1995): Keine Götter mehr. Das Ende der Erziehung. Berlin (dtv)

Rotthaus, W. (2002): Wozu erziehen? Entwurf einer systemischen Erziehung. Heidelberg (Carl-Auer), 4. Aufl.

Schleiermacher, F. (1995): Vorlesungen aus dem Jahre 1826. Pädagogische Schriften I. Frankfurt (Beyer).

Stern, A. (1974): Lieder gegen den Tritt. Politische Lieder aus fünf Jahrhunderten. Oberhausen (Asso-Verlag Anneliese Althoff), 2., verb. Aufl.

Weikert, A. (1994): Tyrannen in Turnschuhen. Überlebensstrategien für geplagte Eltern. Genf (Heyne?).

Winterhoff, M. (2009): Warum unsere Kinder Tyrannen werden. Oder: Die Abschaffung der Kindheit. Gütersloh (Goldmann), 19. Aufl.

Wittgenstein, L. (1956): Bemerkungen über die Grundlagen der Mathematik. Oxford (Suhrkamp).

Über den Autor

Rolf Arnold, Prof. Dr., Professor für Pädagogik; Wissenschaftlicher Direktor des Distance and Independent Studies Centre (DISC) an der TU Kaiserslautern; Verwaltungsratsvorsitzender des Deutschen Instituts für Erwachsenenbildung (DIE, Bonn) sowie systemischer Berater im nationalen und internationalen Rahmen (Schwerpunkte: Führungskräfte, Bildungssystementwicklung). Lehrtätigkeiten an den Universitäten Bern, Heidelberg und Klagenfurt sowie an der Pädagogischen Hochschule Luzern. Veröffentlichungen u. a.: *Aberglaube Disziplin. Antworten der Pädagogik auf das »Lob der Disziplin«* (2007), *Ich lerne, also bin ich. Eine systemisch-konstruktivistische Didaktik* (2007).

Achim Schad

Kinder brauchen mehr als Liebe

Klarheit, Grenzen, Konsequenzen

133 Seiten, Kt, 2010
ISBN 978-3-89670-733-8

Dieser Ratgeber unterstützt Eltern auf dem Weg zu einem klaren und effektiven Erziehungsstil. Er zeigt Vätern und Müttern, wie sie vom Reden zum Handeln kommen, Machtkämpfe vermeiden und Grenzen setzen, ohne zu verletzen.

Achim Schad richtet dazu den Blick auf das „System Familie" und deckt typische Problemmuster und charakteristische Merkmale auf: aus den Fugen geratene Strukturen, doppelte Botschaften, Teufelskreise in der Kommunikation. Wer sie identifizieren und sich bewusst machen kann, findet - manchmal überraschend leicht - zu nachhaltigen Lösungen.

„Das ist ein lebenspraktisches Buch: entstanden aus der jahrelangen Seminararbeit mit Eltern, geschrieben für den heutigen Erziehungsalltag. Es ist ein Buch, das Eltern Mut machen will, sich ihrer Erziehungsverantwortung zu stellen. Am Beispiel vieler Konfliktsituationen, in die sich Eltern und Kinder schnell verwickeln, zeigt der Autor, wie man das ganz normale Chaos in der Erziehung zwar nicht vermeiden, aber doch beherrschen kann. Hier hilft ihm seine systemische und lösungsorientierte Betrachtung der angesprochenen Probleme." Dr. Jan-Uwe Rogge

Carl-Auer Verlag • www.carl-auer.de

Christel Rech-Simon | Fritz B. Simon

Survival-Tipps für Adoptiveltern

214 Seiten, Kt, 2. Aufl. 2010
ISBN 978-3-89670-654-6

In Deutschland werden jährlich ungefähr 5000 Kinder adoptiert. Die Mehrheit der Adoptivfamilien entwickelt sich wie andere Familien auch – mit kleineren oder größeren Problemen, wie sie zum Leben gehören. Ein Teil der Adoptiveltern aber findet sich zusammen mit ihren Kindern in einem Drama wieder, auf das sie nicht vorbereitet waren. Diesen Familien „am Rand des Nervenzusammenbruchs" bieten Christel Rech-Simon und Fritz B. Simon lebensnahe Hilfestellung an.

Die Autoren blicken aus zwei Richtungen auf das Thema: als Adoptiveltern und als erfahrene Psychotherapeuten. Ihre „Survival-Tipps" sind keine einfachen Patentrezepte. Sie benennen zuallererst die „Tänze", zu denen sich Eltern von ihren Kindern nicht „einladen" lassen sollten. Das erfordert in erster Linie eher, das Falsche zu unterlassen als das Richtige zu tun. Viele authentische Fallbeispiele ergänzen die wissenschaftlichen Erkenntnisse und konkreten Tipps. Das Buch macht deutlich, dass Mütter und Väter auch scheinbar ausweglosen Krisensituationen nicht hilflos ausgeliefert sind. Sie können etwas tun – auch wenn dies oft etwas anderes ist, als gemeinhin angenommen und erwartet wird.

„Ein absolut gelungenes Werk. Wir als Eltern eines leiblichen und zweier Adoptivkinder fühlten uns beim Lesen so richtig verstanden!" Monika und Manfred Uhl

 Carl-Auer Verlag • www.carl-auer.de

Ansgar Röhrbein

Mit Lust und Liebe Vater sein

Gestalte die Rolle deines Lebens

197 Seiten, Kt, 2010
ISBN 978-3-89670-732-1

Väter sehen sich heutzutage einer Vielzahl von Erwartungen gegenüber – sie sollen einen liebevollen Umgang mit den Kindern pflegen, im Haushalt präsent sein, ihrer Partnerin gerecht werden und neben dem Beruf auch die freie Zeit sinnvoll nutzen. Wie schafft man(n) das alles, ohne dabei selbst auf der Strecke zu bleiben?

Ansgar Röhrbein lädt Väter zu einer persönlichen Standortbestimmung ein. Dabei wird das Erbe der Vor-Väter genauso beleuchtet wie die eigene Partnerschaft, die Vereinbarkeit von Familie und Beruf und die Erziehung der Kinder. Der erfahrene Familientherapeut zeigt, wie sich die Vaterrolle über die verschiedenen Familienphasen verändert und wie man sie jeweils den eigenen Bedürfnissen und denen der Partnerin bzw. der Kinder anpasst.

Die eingestreuten Fragen und Übungen helfen Vätern, sich der eigenen Möglichkeiten bewusst zu werden und realistische Ziele zu setzen – sei es im Umgang mit den Kindern, in der Gestaltung der Paarbeziehung oder beim Meistern von Krisen. Beispiele aus der familientherapeutischen Praxis des Autors, Interviews mit Experten sowie Hinweise auf weiterführende Literatur in Büchern und im Internet bieten reichlich Anregungen, um der eigenen Vaterrolle ein neues Profil zu geben.

 Carl-Auer Verlag • www.carl-auer.de